D'ORLÉANS A STAMBOUL

OUVRAGES DU MÊME AUTEUR

IMPRIMÉS DEPUIS L'ANNÉE 1888.

Voyage au pays des Fiords (de Paris au cap Nord, de Bergen à Stockholm). — Un vol. de 346 p., orné de quatre planches et d'une carte itinéraire en couleurs. — H. Herluison, libraire-éditeur, 17, rue Jeanne-d'Arc à Orléans ; in-12, 1889.

Souvenirs d'Orient. — Une chasse à l'émail. — Une visite au patriarche arménien de Jérusalem (nouvelle archéologique). — Édition ornée d'un portrait à l'héliogravure, de Sa Béatitude Mgr Véhabédian. — Imprimerie Georges Michau, 9, rue de la Vieille-Poterie à Orléans ; in-8°, 1891.

Esquisses orléanaises. — Portraits, silhouettes, études de mœurs et de langage, historiettes, contes, nouvelles du pays orléanais, par Noël Guépin. — Un vol. in-12 de 300 pages, orné d'une eau-forte de M. A. Jarry. — Paul Girardot, imprimeur. — H. Herluison, éditeur ; Orléans, 1892.

A propos de moules ! — Comédie en un acte et en prose par Noël Guépin ; une brochure in-12. — Imprimerie Paul Girardot, 1891.

Le drame de la rue des Murlins, nouvelle orléanaise. — Imprimerie Paul Girardot, 1891.

Documents relatifs à la fête de Jeanne d'Arc en 1891. — Imprimerie Paul Girardot.

Notes archéologiques. — Une plaquette de la Renaissance à Orléans. — Note relative à Philippe Pot de Rhodes, abbé de Saint-Euverte d'Orléans, au XVIe siècle. — Note sur deux sceaux de la baronnie de Saint-Laurent, d'Orléans ; une brochure in-8°, 1894.

La mosaïque de l'église Saint-Paterne et sa croix de Saint-Thomas-d'Aquin. — Imprimerie Paul Pigelet ; une brochure in-12, 1895.

Le cimetière franc de Briarres-sur-Essonne (Loiret). — Caen. — Henri Delesques, imprimeur-éditeur, 2, rue Froide ; une brochure in-8° accompagnée de 10 planches, 1895.

Causeries scientifiques hebdomadaires. — Années 1894 et 1895, dans le ournal quotidien : *Le Patriote Orléanais.*

Orléans, imp. P. PIGELET

LETTRES DE GRÈCE ET DE TURQUIE

D'ORLÉANS

À

STAMBOUL

PAR

LÉON DUMUYS

Chevalier des Ordres du Saint-Sépulcre et de Saint-Grégoire-le-Grand,
Attaché à la direction du Musée historique d'Orléans,
Membre de plusieurs Sociétés savantes.

« Je suis secrétaire de la vérité,
non serf du mensonge. »
(Renaudot, 1631.)

ORLÉANS

H. HERLUISON
LIBRAIRE-ÉDITEUR
17, rue Jeanne-d'Arc, 17

Aux bureaux
du *Patriote Orléanais*
79, rue Royale, 79

1895

Ces lettres ont été adressées :

A M. P. Domet, *d'Orléans, ancien conservateur des forêts, avec lequel je devais faire ce voyage de Grèce et de Turquie ;*

A M. Dumont, *rédacteur en chef du* « Patriote Orléanais », *dont j'ai le plaisir d'être, depuis plusieurs années déjà, le collaborateur volontaire.*

Daignent mes aimables correspondants agréer l'hommage de ce petit volume comme un témoignage de sincère amitié.

L. D.

A mes Compagnons de voyage :

Mme COLBOC, *de Pont-Saint-Pierre (Eure)* ;
Mme DANION *(de Rennes)* ;
Mme MAGNIEN *(de Dijon)* ;
Mme MILLET *(de Paris)* ;
Mlle J. TAVEAU, *de Brie-Comte-Robert (Seine-et-Marne)* ;
M. COLBOC, *de Pont-Saint-Pierre (Eure)* ;
M. DUMONT, *ingénieur civil à Paris* ;
M. MÉPLAIN, *docteur en droit, avocat, de Montbrison (Loire)* ;
M. RAYMOND *(de Paris)* ;
M. SCHMITT, *directeur de la caravane, représentant de* l'Agence Lubin *(de Paris)*.

Vous savez mieux que personne dans quelles conditions ces lettres furent écrites ; vous me les avez vu rédiger tout au moins en partie, tantôt sur un coin de table, dans un salon d'hôtel, au milieu du brouhaha des conversations, des allées et venues de voyageurs agités, tantôt dans la salle à manger d'un paquebot occupée par de nombreux passagers et sans cesse traversée par des gens de service empressés à satisfaire leurs désirs, une fois même, faute de mieux, sur le gaillard d'arrière du

Cambodge, en plein air, en plein vent, sous les embruns, et vous me plaigniez charitablement, il m'en souvient, à raison de ces installations défectueuses.

Telles qu'elles étaient, je vous les ai lues, de bonne amitié, sans amour-propre d'auteur, ces lettres écrites à dix reprises différentes, tantôt de jour, tantôt de nuit, alors que le sommeil alourdissait mes paupières de touriste fatigué, mais, à franchement parler, je ne pouvais douter qu'elles dussent présenter quelque intérêt à vos yeux. — Ne racontaient-elles pas les faits que vous veniez de vivre, ne donnaient-elles pas les esquisses des merveilleux tableaux que vous veniez d'admirer?... A qui donc pourraient-elles plaire si vous aviez bâillé en écoutant leur lecture?

Bref, vous les connaissez déjà ces récits très simples, mais très sincères, du *chroniqueur de votre caravane*, vous avez pu constater sur place l'authenticité des faits qu'il rapporte et confronter ses modestes croquis avec leurs splendides modèles; enfin, vous retrouverez dans ces pages les corrections que vous avez jugé utile d'y apporter.

Puissent ces esquisses largement traitées suffire pour faire renaître en vous la vision parfaite de merveilles trop rapidement admirées.

De retour au foyer, j'aurais pu, j'en conviens, remanier ces lettres, les amplifier, les documenter ; mais j'ai craint de leur faire perdre à l'aide de ces maquillages leur physionomie primitive et de les rendre méconnaissables à vos yeux.

Or, comme c'est pour vous plaire, aimables compagnons de mon beau voyage aux pays d'Orient, que j'ai résolu de mettre sous une même couverture ces notes disséminées dans les colonnes d'un petit journal de ma province (1), j'ai pris courageusement le parti de les livrer de nouveau à l'imprimeur telles qu'elles étaient, sans plus de cérémonie.

D'autres que vous pourront me blâmer d'avoir agi de la sorte et critiquer sévèrement ces lettres; mais, je vous sais si bons, que je n'oserais douter un seul instant de votre indulgence à mon endroit; enfin, vous tiendrez compte surtout de l'intention que j'ai eue en les écrivant.

Si j'apprends que j'ai réussi à vous plaire, en publiant ce petit livre, je me tiendrai pour récompensé de mes veilles et largement payé de mes consciencieux efforts.

Léon DUMUŸS.

(1) Ces lettres ont été insérées dans les nos de mai, juin et juillet 1895, du « *Patriote Orléanais* ».

PREMIÈRE LETTRE

Deux mots d'avant-propos.
De Lyon à Grenoble. — Un projet manqué.
De Grenoble à Modane.
La vallée du Grésivaudan. — Turin et la Superga.
Formation de la caravane.
En route pour Ancône et Brindisi.

A Monsieur Dumont,
Rédacteur en chef du Patriote Orléanais.

Corfou, le 29 avril 1895.

Mon Cher Ami,

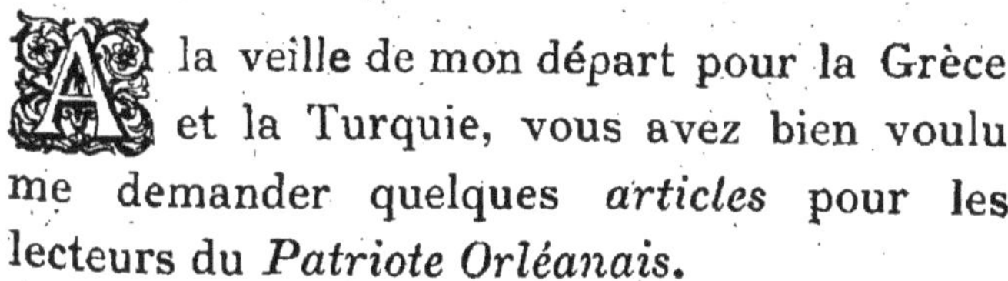

A la veille de mon départ pour la Grèce et la Turquie, vous avez bien voulu me demander quelques *articles* pour les lecteurs du *Patriote Orléanais*.

« Des articles »?... En vérité, le mot est gros, car un pauvre voyageur qui a roulé, tangué, avalé de la poussière ou des embruns, pendant de longues journées, s'est couché tard et levé tôt, ne jouit guère du calme, non plus que de la liberté d'esprit nécessaires au chroniqueur.

Si donc vous tenez à m'introduire dans le monde en habits de voyage, revêtu de mon cache-poussière et le visage encore tout barbouillé d'escarbilles, tant pis pour vous, car vous devrez prendre alors la peine de m'excuser auprès des gens auxquels vous me présenterez dans une pareille tenue.

* * *

Ces lignes feront toute ma préface, car je ne saurais oublier que les avant-propos les plus courts sont aussi les meilleurs.

Oyez donc, s'il vous plaît, sans plus tarder, le récit de mes premières impressions jetées sur le papier au courant de la plume.

* * *

Le jeudi 25 avril dernier, le train de Lyon m'emportait vers Grenoble, la jolie ville assise au pied de sa fière citadelle et dominée de tous côtés par les sommets neigeux des Alpes françaises.

Je m'étais promis de monter à la Grande-Chartreuse et de descendre du couvent à temps, pour prendre, le soir même, la route de l'Italie. J'avais, hélas ! compté sans deux facteurs bien importants pour la réussite de mes projets : « le temps et les cochers ». Or, à mon arrivée, je trouvai ceux-ci en grève, et celui-là de fort méchante humeur.

Bref, il me fallut ouvrir mon parapluie, gagner en toute hâte et pédestrement l'admirable musée-bibliothèque municipal pour trouver un abri et renoncer définitivement à monter dans les nuages qui fondaient sur nos têtes.

Sous mes yeux, en quelques heures, l'Isère grossit de plus d'un mètre et se mit à rouler des eaux noires, mélangées de détritus de toute sorte, semblables à ceux que la Loire charrie en temps d'inondation !

Sous une pluie battante, je visitai successivement les quais, l'Université, les squares, le palais de justice, les églises de la cité, le tombeau de Bayard, voire même les *Allées vertes*, qui s'étendent par delà des fortifications, et dans cet instant le soleil, plein de générosité, daigna, sans doute pour récompenser mes efforts, faire une large trouée dans le rideau gris qui, depuis le matin, le dérobait à mes regards.

Alors, les sommets recouverts de neige fraîche m'apparurent étincelants, et je jouis de la vue d'un panorama grandiose qui me dédommagea de mes peines.

*
* *

Le soir même, je pris le train pour Modane et remontai à toute vapeur, sans trouver le temps de m'ennuyer, la pittoresque vallée du Grésivaudan.

La pluie avait cessé, et le ciel était devenu d'azur.

Je ne vous décrirai pas le spectacle splendide que m'offrirent les montagnes aux flancs bleus et noirs, zébrées de bandes d'argent formées par les torrents et couronnées d'or par le soleil couchant. Peu à peu la nuit se fit plus complète et le paysage s'éteignit doucement.

J'en profitai pour m'endormir et sommeiller jusqu'à Modane.

Arrêt forcé, faute de train correspondant, à l'*Hôtel International*, visite de la douane italienne et nouveau départ pour Turin, tel fut le bilan de cette nuit mouvementée. Vers quatre heures et demie, nous partîmes et traversâmes bientôt le fameux tunnel du Mont-Cenis. En sortant de cet antre, je vis le soleil levant inonder de ses rayons les cimes neigeuses et les puissantes arêtes du versant oriental des Alpes.

*
* *

C'est en cette ville de Turin, à l'*Hôtel de l'Europe*, que je trouvai, le soir, mes futurs compagnons de voyage, arrivés directement de Paris, au nombre de neuf et conduits par un guide jeune et aimable, choisi par l'Agence Lubin.

En les attendant, je m'étais donné le plaisir de monter *à la Superga*, c'est-à-dire au sanctuaire construit sur une haute montagne qui domine la ville et d'où la vue s'étend sur toute la Lombardie.

Je ne vous décrirai pas non plus le panorama merveilleux dont je jouis à cette altitude et ne ferai que mentionner les richesses

*

artistiques entassées dans cette église-mausolée, dont les caveaux renferment les restes de presque tous les membres de la famille de Savoie, morts depuis un siècle, à l'exception, pourtant, de ceux du roi Victor-Emmanuel, inhumé, comme vous le savez, dans le Panthéon de Rome. Je ne vous parlerai pas davantage des merveilles cataloguées dans l'*Armeria* du palais royal, richissime musée, dans lequel sont classés et exposés des armures historiques de toute sorte et de toute époque, des chefs-d'œuvre des maîtres ciseleurs des divers pays, au premier rang desquels se place de lui-même l'inimitable Benvenuto Cellini.

Le temps presse et j'ai hâte de vous faire descendre jusqu'au talon de la botte italienne, car c'est au port de Brindisi que nous devons nous embarquer pour la Grèce, notre premier objectif.

Savez-vous qu'elle est longue, cette botte géographique, dont la pointe menace la Sicile ; son éperon regarde le Monténégro et son talon fait face à l'Albanie !..... Il nous faudra deux jours pour descendre jusqu'au fond, en passant par Plaisance, Parme et Modène ! Il est vrai de dire que nous éprouvons le désir de faire un arrêt de quelques heures à Bologne, afin d'admirer sur ses places les bronzes de Jean de Bologne, dans sa pinacothèque l'un des chefs-d'œuvre de Raphaël (1), les belles toiles de Francia, du Dominicain et « *tutti quanti* », puis de saluer en passant les restes du grand saint Dominique, inhumé dans le sanctuaire réédifié en son honneur au centre de l'antique capitale de l'Émilie.

*
* *

Il est près de minuit quand nous arrivons à Ancône, aux rives de l'Adriatique, et nous nous précipitons sans plus tarder vers les lits préparés pour notre caravane, car le réveil sonnera, demain dimanche, à quatre heures au plus tard, pour ceux d'entre nous qui voudront assister à la première messe, la seule que nous puissions entendre avant l'heure du train...

Il est sept heures et demie. Nous voici de nouveau en route pour Pescara, Stradella, Foggia, Barletta, Bari et Brindisi. Nous en

(1) *La sainte Cécile.*

aurons pour jusqu'à minuit à rouler ainsi, sans arrêt, vers le sud; le paquebot est là-bas qui nous attend et son service n'est que bi-hebdomadaire; il ne faut donc pas le manquer si nous voulons suivre notre programme. Le ciel est superbe et sur notre gauche le soleil inonde de lumière les flots verts de l'Adriatique piquetés de gracieuses voiles blanches, tandis que sur notre droite s'étagent et se succèdent les collines couronnées de villes et de villages aux sites pittoresques, aux noms harmonieux.

En vérité, l'on dirait que dame Nature tient à étaler devant nos yeux émerveillés ses plus séduisantes collections d'aquarelles; tout est d'émeraude, d'azur, d'argent et d'or autour de nous; les marines succèdent aux paysages de plaine et de montagne pour la distraction du voyageur condamné à l'inaction.

*
* *

Il est minuit, le train s'arrête, nous sommes à Brindisi!

La ville proprement dite demeure pour ainsi dire invisible à nos yeux éblouis par une longue file de foyers électriques suspendus au milieu d'une large rue sur les dalles de laquelle roule rapidement la voiture qui nous emporte sans délai vers le port.

Le *Scilla*, en charge et sous vapeur, n'attend plus que ses passagers pour lever l'ancre, chercher la passe entre les feux rouges et verts qui marquent sa route dans la nuit et cingler vers la Grèce.

*
* *

Le temps est doux, la nuit sans lune, le ciel constellé d'étoiles ; la mer, très calme, nous berce mollement ; tout nous invite au repos. Nous sommes à bord et bientôt nous voici blottis dans nos étroites couchettes superposées ; les petits rideaux protecteurs sont tirés devant les hublots qui éclaireront demain matin nos cabines, puis les feux disparaissent un à un à l'horizon, le calme s'établit dans notre mouvante demeure où l'hélice fait seule entendre son grondement monotone... Bonsoir ! Demain nous nous réveillerons en vue des îles Ioniennes et, sans doute, dans le détroit qui sépare les côtes d'Albanie de l'ile de Corfou !

C'est sur la belle promenade de l'Esplanade de cette ville, tout près du palais du roi des Hellènes, au pied de la formidable citadelle jadis bâtie par les Vénitiens, que je vous donne rendez-vous. Nous verrons là plus d'une chose intéressante, car un spectacle curieux nous y attend. Voici que, favorisés d'une « *chance d'Anglais* », nous débarquons à Corfou précisément à l'heure où les habitants de l'île viennent d'apprendre le résultat des élections générales faites en vue du renouvellement du Parlement grec et le triomphe de leur ministre préféré, M. Delyannis, député d'Ithaque. La chute de son adversaire, M. Tricoupis, détesté dans ce pays, blackboulé comme député dans sa propre circonscription de Missolonghi, va devenir le prétexte de manifestations populaires qui dureront plusieurs jours consécutifs.

IIe LETTRE

Corcyre et les Phéaciens.
Les élections générales en Grèce.
Villas et montagnes de Corfou.

Corfou, le 2 mai 1895.

Mon Cher Ami,

Dans ma dernière lettre, je vous disais que nous avions eu la bonne fortune de débarquer dans la verte Corfou, au lendemain même des élections générales de la Grèce.

Cette circonstance nous a valu un spectacle aussi original qu'inattendu. A notre arrivée dans l'île, les Corfiotes, en délire, fêtaient leurs nouveaux élus avec cet élan, cette *furia* qui sont l'apanage des Méridionaux en général et non pas celui des seuls Français, comme se plaisent à le répéter les étrangers.

Il m'a semblé que les lecteurs du *Patriote* me sauraient gré de leur fournir une étude de mœurs modernes, de préférence à une longue et pédante dissertation sur la galère des Phéaciens changée en rocher à l'entrée du port Hyllaïque de l'antique Corcyre, par la volonté du vindicatif Neptune, dieu de la mer et ennemi personnel de l'infortuné Ulysse !

« Après tout, ne manqueraient pas d'objecter nombre de gens, que diable le roi d'Ithaque allait-il faire dans cette galère ? comme dit Molière. Dispensez-nous, je vous en prie, d'entendre le récit de ses tribulations qui nous trouveraient assez froids, et gardez vos discussions scientifiques pour les savants en *us* et en *ône*. »

— Nous sommes d'accord ; laissons les héros d'Homère dormir leur dernier sommeil et occupons-nous des électeurs hellènes, bien vivants et grouillants, vous pouvez m'en croire, sur leur nouvelle Agora (1).

(1) Chacun sait que l'Agora était la place publique

*
* *

Et d'abord, savez-vous comment se fait une élection en Grèce ?

Parions vingt leptas (1) que vous êtes aussi mal renseigné sur ce point que je l'étais moi-même il y a quatre jours à peine ; pardonnez-moi donc de faire une digression nécessaire pour vous aider à comprendre le récit qui va suivre.

Le Parlement hellène, formé il y a quatre ans environ, vient d'être renouvelé. Il y a deux mois, le roi Georges, obligé de tenir compte de l'opinion de son peuple surexcité par les folles dépenses de l'anglophile Tricoupis, le roi, dis-je, a dû exiger la démission de son premier ministre et former un Cabinet provisoire.

Depuis douze ans que cet homme, néfaste pour son pays et fort peu sympathique à la

des anciens Grecs. C'est sur l'Agora que le peuple athénien s'assemblait, manifestait et venait entendre ses orateurs préférés.

(1) La pièce de 5 leptas grecque vaut théoriquement 5 centimes ; c'est donc comme si l'on disait : « Parions quatre sous ! »

France, gère les affaires de la Grèce, vous savez ce que sont devenues les finances de ce petit royaume. Les créanciers de cette nation ne touchent plus à cette heure que 30 0/0 de leurs revenus.

Depuis le 10 décembre 1893, la faillite nationale est officiellement déclarée ; les Hellènes sont honteux du déshonneur que cette situation leur impose et furieux en raison des charges excessives qui pèsent sur eux.

Dimanche donc, le peuple grec a été réuni dans ses comices et chaque électeur corfiote s'est présenté dans l'une des quatre églises transformées pour cette circonstance solennelle en bureaux électoraux, car le suffrage universel existe en Grèce comme chez nous.

Toutefois, dans ce pays, le bulletin de vote est remplacé par de petites balles de plomb, du calibre des chevrotines, qui sont remises une à une à l'électeur par un membre du bureau de sa section.

Chaque candidat a droit à son urne spéciale, et ces boîtes à surprise, étiquetées au nom des éligibles, sont alphabétiquement classées. Elles sont faites de fer-blanc, divisées à l'intérieur en deux cases parallèles séparées par une mince cloison et munies d'un tuyau coudé à angle droit dans lequel le votant enfonce son avant-bras. La main de l'électeur disparaît dans la boîte et laisse tomber à volonté, dans la case aux *oui* ou dans la case aux *non*, dûment marquées à l'extérieur, la balle qu'il a reçue, sans que le bureau puisse préjuger le résultat de l'opération qui vient de s'accomplir.

Ici, les militaires en résidence dans leur pays natal ont le droit de voter, mais non celui de manifester ; les ministres du culte sont privés, me dit-on, de leurs droits électoraux.

Sur les 207 députés dont se compose la Chambre hellène, Corfou en avait 7 à élire pour sa part.

Deux listes principales se trouvaient en présence ; elles étaient affichées partout, sur les murs de la ville et des faubourgs. L'une portait sept noms chers à M. Tricoupis, le ministre déchu et universellement abhorré : l'autre comportait ceux de sept candidats dévoués à M. Delyannis. En tête de celle-ci figurait le nom essentiellement grec d'*Agathos Achilleus* (Lebon Achille).

Le nom de M. Delyannis est synonyme ici de modération, de sagesse, de bonne administration, et, ce qui ne gâte rien à nos yeux, le futur chef de Cabinet se présente comme ami dévoué de notre pays,

La popularité de cet homme est telle, en Grèce, qu'il vient d'y remporter un merveilleux triomphe. Non seulement il a été élu à Gortinia, c'est-à-dire dans sa circonscription, mais cent soixante-cinq de ses amis politiques ont passé dans les diverses « nomes » ou provinces.

Quant à M. Tricoupis, il a piteusement échoué à Missolonghi où il se présentait. Son parti est littéralement écrasé, car l'opposition représentée dans la nouvelle Chambre par 42 députés est elle-même divisée en trois factions principales.

Les Hellènes augurent bien de ce bouleversement politique et espèrent sincèrement qu'une ère de bonheur va bientôt s'ouvrir pour eux.

Daigne le ciel exaucer leurs prières !

J'entends dire qu'un changement de ministère entraîne en Grèce un remaniement complet du personnel administratif; aussi les amis du nouvel élu sont-ils débordants de joie à la pensée qu'ils vont être récompensés de leur fidélité et de leurs efforts.

En revanche, les partisans de M. Tricoupis ne dissimulent guère leur colère et leur dépit, car ils sentent leur fin prochaine !

* * *

En voilà assez, n'est-il pas vrai ? pour vous faire comprendre le délire des heureux vainqueurs de la lutte électorale, en majorité écrasante à Corfou, puisqu'ils sont arrivés à faire passer six députés delyannistes contre un tricoupiste, en cette seule cité.

Depuis trois jours les delyannistes se promènent en bandes par les rues, les places et les promenades ; ils organisent des cortèges à pied et en voitures, illuminent leurs fenêtres à l'aide de flambeaux et de lampions, enguirlandent leurs maisons, suspendent à leurs façades le portrait de leur demi-dieu, réclament des discours de leurs élus et vont sous leurs balcons leur donner des aubades aussi bruyantes que répétées.

Depuis dimanche, trois fanfares circulent de jour et de nuit à travers la cité, la foule les suit en poussant des « Zito Delyannis! Zito Delyannis! » (1) à ébranler les vitres des maisons. Hommes et enfants brandissent à l'envi des branches d'*olivier* et narguent les rares partisans de Tricoupis reconnaissables aux tigelles de *buis* qu'ils arborent crânement d'ailleurs en guise de cocardes à leurs chapeaux.

Quand survient la nuit, ce ne sont partout que feux de bengale, pétards, fusées, aubades, acclamations, bousculades, etc. Des bandes de gens, affublés de costumes les plus pittoresques, coiffés de fez, vêtus de fustanelles (2), de dalmatiques blanches aux manches flottantes, chaussés d'énormes babouches à bouts retroussés, ornés de pompons de laine aux couleurs voyantes, circulent, précédés de nombreux drapeaux nationaux bleus à croix blanche, en chantant des refrains populaires à la louange du futur chef de Cabinet.

Le portrait de M. Delyannis, tout encadré, pend sur leur poitrine, s'étale sur le devant de leur coiffure; les acclamations, les chants, les

(1) Vive Delyannis!

(2) Jupes blanches, courtes et plissées, que portent les Grecs.

applaudissements, les sifflets continuent jusqu'à minuit sans trêve ni répit.

La troupe à pied et à cheval suit les manifestants pour empêcher les rixes toujours à redouter. Le chef de la police, en tenue de service, escorté de ses aides-de-camp, circule au galop dans les rues, surveille son monde, fait opérer des mouvements tournants à ses hommes, se multiplie, en un mot, en vue d'assurer l'ordre dans les divers quartiers de la ville qu'il a mission de protéger et d'épargner aux Corfiotes les luttes fratricides du genre de celles qui désolaient, ces jours derniers, Patras et Céphalonie.

Pendant ce temps, de grands portraits du futur ministre, encadrés de fleurs naturelles, portés à bras par de vigoureux gaillards qui se relaient pour les tenir toujours hauts et fermes, s'avancent en se balançant au-dessus des têtes selon le rythme cadencé des bruyantes et joyeuses fanfares qui mènent les manifestants au pas de charge.

Ainsi formée, ainsi lancée, la colonne houleuse et frémissante va chercher ses élus à leur domicile, les entraîne sur les places publiques, leur impose la corvée de monter aux balcons préparés de loin en loin pour les recevoir et fait silence quand ils se montrent, afin de les écouter plus attentivement.

Voici que les orateurs paraissent au milieu des branchages, des guirlandes et des lumières portées par leurs suivants ; ils pérorent, lisent des déclarations vibrantes, sont tour à tour acclamés ou sifflés, puis lorsque leurs tirades sonores ont pris fin, les pétards éclatent, les serpenteaux sautillent et crépitent, au milieu des cris et des rires, les cloches des églises et chapelles voisines tintent gaîment ou sonnent à toute volée, et la foule satisfaite reprend sa marche vers un autre quartier pour recommencer les mêmes ovations.

* * *

Je vous répète que depuis trois jours et trois nuits le vacarme électoral n'a pas cessé, la masse profonde des manifestants à pied et en landaus s'est ainsi promenée, dans les faubourgs et la banlieue de Corfou, depuis l'Esplanade de la citadelle jusqu'à Kastradès, village distant de plus de deux kilomètres de la ville, en acclamant toujours les élus et leur chef de file.

« Zito ! Zito Delyannis ! Le peuple te voulait, le peuple triomphe, tes amis politiques viennent de le charmer. Zito ! Bravo ! tu es vraiment le dieu du jour ; vois, à chaque fenêtre on te dresse un autel, brillant de lumières, orné de fleurs ; salut à toi, sauveur désiré de la nation ! »

***

Quand sonnent onze heures, cette foule hurlante et frémissante, exaltée, grisée, revient en dansant, en chantant sous le ciel étoilé, entre la mer aux flots tranquilles et silencieux, piquetée de mille paillettes d'argent formées des feux du ciel qu'elle réfléchit comme un miroir et les coteaux rocheux, couverts de cactus géants, d'aloès énormes, de plantes grasses en fleurs, de sumacs et d'oliviers séculaires aux troncs rugueux et ajourés au-dessus desquels voltigent des myriades de « *lucioles* » (1) qu'on prendrait pour une pluie d'étincelles !

(1) Les lucioles sont des coléoptères phosphores-

*
* *

Voilà, mon bien cher ami, qui pourra, je l'espère, vous donner une faible idée du spectacle extraordinaire que viennent de nous donner gratuitement, pendant trois jours et trois nuits, ces bons Corfiotes en proie au delirium électoral !

Avouez qu'une scène aussi grandiose, jouée dans un décor aussi merveilleux, mériterait d'être décrite avec plus de soin qu'en peut apporter un touriste à sa correspondance forcément rapide et partant négligée !

Mais, il est tard, minuit sonne à l'horloge de Saint-Spiridion ; demain nous devons reprendre la mer, quitter Corfou, et voici qu'il me faut encore songer aux mille préparatifs du voyage, rédiger mes notes avant de prendre un repos aussi nécessaire que désiré.

Dans quelques heures, l'*Elpis* nous recevra à son bord, mettra le cap sur Patras et nous emportera bien loin de cette île enchantée,

cents, très abondants dans l'île de Corfou. Elles sont de couleur brune, mesurent environ un centimètre de longueur et portent sous le ventre, à la partie postérieure de leur corps, un petit écusson lumineux de quelques millimètres carrés.

séjour de prédilection du roi des Hellènes et de l'impératrice d'Autriche, pour nous déposer sur la presqu'île où s'élève la rocheuse Athènes, fière de son antique acropole.

J'aurais voulu vous parler de la villa royale de Mon-Repos (1), de la résidence impériale de Gastourie (2), merveilleuse reconstitution d'un palais pompéïen, qui n'a pas coûté moins de quatorze millions ! des monts Pelleka et Pantocrator, avec leurs villages perchés comme des nids d'aigles, de la promenade du Canon, des citadelles et du panorama des montagnes d'Albanie, aux cimes neigeuses, qui s'entassent par delà les flots d'azur, mais il est temps de mettre fin à ce trop long bavardage.

Adieu donc, ou plutôt au revoir et à bientôt, si le vieux Neptune daigne se montrer favorable aux voyageurs qui vont pénétrer dans son mouvant empire.

Faveat Neptunus eunti !

(1) Cette ville appartient au roi de Grèce.

(2) Cette autre résidence somptueuse, toute remplie de statues de prix et d'objets d'art, a été construite et aménagée dans ces dernières années pour l'impératrice d'Autriche actuellement régnante.

IIIᴱ LETTRE

En route pour Athènes.
Les îles de la mer Ionienne.
Un incident désagréable. — Patras.
Gutland et le bourgogne de Villehardouin.
Le Parnasse. — Corinthe.
Les modernes jeux olympiques.

À Monsieur DOMET,
Ancien Conservateur des forêts, à Orléans.

Athènes, le 5 mai 1895.

PARTIS de Corfou à bord de l'*Elpis* (1) (un joli nom de bateau qui nous donnait l'*espérance* d'un bon voyage), nous avons, tour à tour, salué le cap Leucade aux rochers abrupts et terriblement célèbres, le promontoire fameux qui donna son nom à la bataille d'Actium, puis Ithaque, royaume

(1) « Elpis » signifie espérance, en grec.

d'Ulysse et séjour de la fidèle Pénélope, Céphalonie, Patras, Missolonghi, Lépante, que sais-je encore ? Toutes les heures, vous dis-je, nous tournions une page du grand livre de l'histoire et nous n'osions quitter le pont de notre navire même pour manger et dormir dans la crainte de laisser passer sans le voir, à tribord ou à babord, quelque site de premier ordre!

Et cependant, cette traversée de la mer Ionienne ne se fit pas, je dois vous l'avouer, sans quelques incidents que je vais vous raconter brièvement.

Nous avions quitté l'île de Corfou par une mer houleuse, les flots bleus écumaient et menaçaient les brise-lames du port qui s'opposaient à leur passage ; plus d'une fois les embruns avaient passé par-dessus nos têtes, tandis que nous nous rendions en chaloupe du quai au vapeur grec qui chauffait au large en nous attendant. Enfin, nous trouvâmes à bord de cette maison flottante une tranquillité relative qui nous manquait dans nos coquilles de noix. Celles-ci dansaient si bien sur les flots que les nautoniers corfiotes en profitèrent pour nous demander, tout en nageant avec énergie, « un café » de récompense; il leur fut généreusement octroyé.

Entre les îles de Paxos et de Leucade, la mer Ionienne est libre d'îlots et nous profitâmes de l'absence de points de vue pour nous mettre à table ; mais bientôt le roulis se fit sentir, les suspensions commencèrent à s'agiter au-dessus de nos têtes, les chaînes du gouvernail se prirent à grincer rudement sur le pont et « le jeu de la balançoire » commença. Il s'accentua même si bien que, tout à coup, les carafes et les milieux de tables chargés d'oranges roulèrent sur les convives ; en moins de temps qu'il en faut pour le dire, les belles pommes d'or de Corfou tombèrent en cascadant sur le plancher et nous les vîmes, pris de fou rire, rouler pêle-mêle de tribord à babord sous nos pieds sans que nous pussions arriver à les saisir au passage ; on eût dit un jeu de boules d'un nouveau genre.

Cependant le bateau commençait à se plaindre hautement des assauts de plus en plus furieux que les vagues audacieuses lui livraient... et les rangs des convives s'éclaircirent peu à peu.

Le repas fini, nous voulûmes descendre à nos cabines, sises au second étage, c'est-à-dire au-dessous de celles réservées aux dames ; les hublots de ces cabines s'ouvrent naturellement très près de la ligne de flottaison, le boy chargé du service, peut-être surpris par le mauvais temps, ou bien trop peu préoccupé de remplir son devoir, avait omis de visser les glaces épaisses qui servent de fermeture à ces baies ; en sorte que nous trouvâmes la mer installée sous nos couchettes, inondant nos bagages en désordre.

J'avoue qu'il y eut un moment de mauvaise humeur chez les locataires expropriés, appelés en toute hâte pour constater l'étendue du dégât dont ils étaient les victimes, mais la gaîté française reprit bientôt ses droits, le désordre fut réparé tant bien que mal, les vêtements mouillés furent étalés dans la chaufferie et chacun s'en fut sur le pont, humer l'air pur et frais qui fouettait les visages et ranimait les cœurs.

Vers onze heures du soir, nous nous trouvions par le travers d'Ithaque et la mer reprit son aspect tranquille. Alors, comme dans la chanson, chacun s'en fut coucher... les uns dans leurs cabines, les autres expulsés, de leur domicile légal, dans le salon garni de matelas, de couvertures et d'oreillers.

*
* *

Vers sept heures du matin, nous débarquâmes à Patras, autrement dit nous prîmes terre sur la presqu'île du Péloponèse, devenue île depuis que les Hellènes ont coupé l'isthme de Corinthe qui reliait naguère encore la Morée à la Grèce continentale.

« Cette amputation dangereuse, nous dit gravement un de nos aimables et joyeux compagnons, en nous montrant sa carte, ne fut pas entreprise sans une grande inquiétude. Certaines gens se demandaient si le Péloponèse, ainsi détaché de la terre ferme n'allait pas dériver en grand sur la Crète ! »

Vous rirez comme nous de cette spirituelle boutade, mais n'oubliez pas cependant que beaucoup de Français ont copieusement payé pour savoir que le percement d'un isthme laisse toujours un aléa et peut quelquefois déterminer une forte débâcle.... Demandez plutôt aux porteurs de Panama !

*
* *

A Patras, cinq heures d'arrêt, c'est-à-dire largement le temps de grimper en voiture jusqu'à la base de l'antique citadelle, d'escalader à pied les pentes rapides qui conduisent à ses ponts, à ses antiques bastions quelque peu lézardés par les siècles et les tremblements de terre, de se hisser par des escaliers étroits et sombres jusqu'aux créneaux de son donjon et de promener de là-haut ses regards sur la jeune et imposante cité qui s'étend sur les rives du golfe, couverte d'une riche végétation de vignes et d'oliviers.

Nous visitons encore l'ancien théâtre romain avec sa cavea, ses gradins de marbre et son proscenium assez bien conservés, sans sculptures pourtant et mal entretenu par les modernes édiles.

Nos landaus nous emportent ensuite vers la grande installation vinicole de *Gutland* exploité depuis une quinzaine d'années par une compagnie allemande.

Sise à mi-côte, au-dessus de Patras, dominée par de hautes montagnes aux pentes douces, disposées en vrais espaliers, Gutland, avec ses vignobles immenses et merveilleusement soignés, ses chais colossaux, ses caves profondes et fraîches, ses jardins fleuris et son installation de premier ordre, Gutland, dis-je, s'impose à notre admiration.

Des foudres énormes de vin de toutes qualités, depuis le patras sec jusqu'au patras doux, liquoreux, mais toujours alcoolique et traître, s'entassent un peu partout sous les hangars, dans les cours et forment de véritables pyramides de fûts soigneusement lutés, marqués et prêts à être expédiés dans le monde entier,

Le maître de céans délègue vers nous son sous-directeur, un jeune homme distingué, prévenant, parlant correctement le français, qui nous invite à déguster les produits des divers crûs de l'exploitation.

Nous goûtons notamment, non sans un profond étonnement, un bourgogne exquis, un peu pâle il est vrai, mais d'un bouquet irréprochable, récolté en ces lieux. Nous apprenons que le clos qui le fournit, unique dans la région, a été planté après la quatrième croisade par le noble sénéchal de Champagne Geoffroi de Villehardouin, alors gouverneur de cette région, presque Bourguignon d'origine, me semble-t-il, et importateur avisé des cépages de son pays natal.

Voilà, par ma foi, un témoin de nos vieilles gloires militaires dont la survivance six fois séculaire en ce pays ne laissera pas que de vous surprendre. Je ne vous étonnerai pas en vous disant qu'avant de nous séparer de lui, nous avons levé nos verres à la mémoire du prévoyant duc d'Achaïe (1) et aussi à la santé des amis restés là-bas, au bon pays de France, or vous êtes de ceux-là !

*
* *

Et maintenant, en route pour Athènes !.... Sept heures de chemin de fer en suivant un vrai lac bleu comme la voûte céleste, aux eaux limpides et profondes, bordé d'un sable d'or, à travers des plantations de vieux oliviers noueux, tordus, percés à jour, des vignobles plantureux, abondamment garnis déjà de leurs futurs *raisins de Corinthe*, et nous serons au pied du Parthénon !

(1) On se souvient que la Grèce fut partagée entre les chefs croisés latins après la dissolution de l'empire. — En 1205, Guillaume de Champlitte constitua la principauté d'Achaïe qui fut bientôt usurpée par Geoffroi de Villehardouin, maréchal de Romanie.

Mais, voici qu'en attendant, la représentation kaléïdoscopique recommence. Là-bas, par delà la mer, cette large tache jaune et blanche qui s'étale sur la rive de l'Étolie, c'est Lépante avec ses maisons basses, couronnée par sa forteresse aux tours grisâtres. Au-dessus d'elle s'étagent les montagnes abruptes et désertes, dominées par le Parnasse, dont la cime neigeuse se perd dans les nuages !

Le Parnasse... cela vous surprend ?

Eh ! oui, le Parnasse !... Vous lisez bien, le vrai, le seul, celui « qu'en vain un téméraire auteur... » songerait à gravir s'il n'a au cœur la flamme poétique ; celui qu'arrose à son sommet la fontaine de Castalie, source de l'éloquence où se désaltéraient jadis les neuf muses et le bel Apollon, leur maître. En voulez-vous la preuve ? Ne devinez-vous pas à ses pieds les ruines de Delphes, séjour du célèbre oracle dont les conseils pesaient d'un si grand poids sur les destinées du pays ? Et plus loin, là-bas, vers l'Orient, voici l'Hélicon, dépourvu de neiges éternelles.....

Avançons toujours, et sur la longue rive ensoleillée de ce véritable fiord, qui se courbe pour se fermer, nous allons voir se dresser, à notre droite, l'acropole de l'antique Corinthe, cette ville étonnante dont les fastueux Romains se faisaient un rêve d'aller un jour contempler les prodigieuses merveilles :

Non licet omnibus adire Corinthum !

répétaient-ils, vous vous en souvenez.

*
* *

Nous voici, cette fois, au fond du golfe interminable ; nous pénétrons sur le fameux isthme rendu célèbre dans l'antiquité par *ses jeux* extraordinaires (1) et passons sur les bords du golfe Saronique, distant de six kilomètres seulement de son voisin.

Cette fois, la locomotive ralentit sa marche ; se sentirait-elle donc à son tour prise de recueillement en roulant à travers les ruines de la Néo-Corinthe ? Mais non, elle souffle, elle

(1) Les jeux isthmiques, institués par Sisyphe au XIVe siècle avant Jésus-Christ, pour honorer la mémoire de Mélicerte, se célébraient tous les trois, quatre ou cinq ans. — Thésée les réorganisa et les consacra à Neptune. — Les concurrents s'y disputaient le prix de la lutte, de la course, du disque, du javelot, de la musique, de la poésie, etc. — Ils furent supprimés l'an 160 de Jésus-Christ, sous le règne de l'empereur Adrien.

tire, elle grimpe péniblement pour nous faire passer sur un pont de fer qui franchit à 80 mètres de hauteur le nouveau canal si cher... aux actionnaires qui ont entrepris de le creuser.

Il a six kilomètres de longueur ce précipice aux flancs escarpés, creusé de main d'homme, et dont les parois parallèles, perpendiculaires et nettes ont l'air d'avoir été sciées d'un seul trait, en plein roc, par les vieux Titans, déménageurs de montagnes.

Nous sommes à Kalimaki, l'isthme est franchi, nous entrons dans l'Attique, le paysage change brusquement, les vignes ont disparu, nous entrons dans les montagnes sauvages et désolées. Voici sur notre gauche les roches du haut desquelles le brigand Skiron précipitait les voyageurs après les avoir dépouillés, puis c'est Mégare et ses femmes aux costumes pittoresques; là-bas, nous voyons l'île d'Égine, par ici, c'est Salamine dont le seul nom évoque tant de souvenirs littéraires ou guerriers... (1)

(1) Salamine forma dans la haute antiquité le royaume de Télamon et d'Ajax. — Cette île fut la patrie de Solon et d'Euripide. — C'est sur ses côtes

Encore quelques tours de roues et nous arrivevons à Éleusis, où s'élevait le temple de Cérès la bonne déesse, construit par Périclès ; Éleusis, la cité sainte, reliée à Athènes par la voie sacrée que suivaient annuellement les longues théories des Panathénées... Éleusis, la ville aux grands mystères, chère aux *éphores* et aux *époptes !*

En vérité, on croit rêver quand on entend répéter ces noms classiques et surtout quand on les voit de ses yeux, inscrits en vieilles majuscules grecques, sur les murs d'une petite station de chemin de fer !

*
* *

Et cependant, tout cela est très réel, je ne suis pas le jouet de mon imagination surexcitée, nous sommes si bien entre Mégare et Eleusis que nous allons peut-être y rester !... tout au moins plus longtemps que nous voudrions !

Notre machine vient de s'arrêter brusque-

qu'en 480 avant Jésus-Christ Thémistocle détruisit la flotte des Perses. — Il est fait allusion dans cette phrase à la célèbre tragédie d'Eschyle jouée à Athènes en 472 avant Jésus-Christ.

ment, en pleine montée, elle souffle, elle siffle, mais en vain, l'une de ses bielles est faussée ou brisée; nous sommes immobilisés et la station prochaine est encore distante de cinq kilomètres !

Grâce au précieux concours d'un ingénieur qui se trouve par hasard dans notre train, un colosse barbu comme Polyphème, taillé comme Hercule, la pièce endommagée est démontée, supprimée, et nous gagnons clopin-clopant Eleusis après un arrêt de trois quarts d'heure en pleine voie.

Qui sait si, vingt minutes plus tôt, la Compagnie Patras-Athènes-Péloponèse ne nous faisait pas involontairement subir le sort des victimes de Skiron?

Mais tout est bien qui finit bien, nous sommes en gare, le télégraphe demande du secours à Athènes, une machine de renfort est annoncée ; dans deux heures nous serons à l'*Hôtel des Étrangers*.

*
* *

Enfin, nous voici dans la capitale des Hellènes, dans l'antique cité de Minerve, dans cette Athènes dont le nom retentit pendant plus de dix ans à nos oreilles, concurremment avec ceux de Sparte, d'Homère, de Thémistocle, de Démosthènes, de Phidias, de Praxitèle, de Périclès, de Sophocle, d'Eurypide, d'Eschyle, d'Aristophane et tant d'autres encore comme Socrate, Diogène et l'apôtre saint Paul lui-même, qu'il faudrait un jour et une nuit pour énumérer. Espérons que l'an prochain vous pourrez venir ici, à votre tour, et assister, dans le vieux stade reconstruit, aux vrais *jeux olympiques*, qu'un comité national s'occupe de ressusciter en ce moment ; la chose est certaine, déjà plusieurs citoyens grecs, établis à l'étranger et riches à millions, ont offert, dans ce but, leur princière souscription... On me cite notamment un M. Averof, épirote de naissance, fixé à Alexandrie, qui vient de donner 500,000 drachmes (environ 260,000 francs) pour aider le Comité d'organisation dont le siège est à Paris,

Patience donc, encore quelques mois et vous verrez Athènes dans toute sa splendeur. Vous n'aurez rien perdu pour attendre, bien au contraire.

Vale!

IVᴱ LETTRE

**La vieille Athènes et ses monuments.
L'Athènes moderne, ses musées et ses rues.
La fête du roi. — Embarquement au Pirée.
Traversée de la mer Egée.
Le golfe de Smyrne.**

A bord du *Cambodge;* en pleine mer de Marmara, le 11 mai 1895.

A Monsieur DUMONT,
Rédacteur en chef du Patriote Orléanais.

MON CHER AMI,

DEPUIS notre arrivée à Athènes, je n'ai pas eu le loisir de vous écrire bien longuement; c'est qu'en effet nous avons eu tant de choses à voir dans cette antique capitale, que tout notre temps a été occupé pour ainsi dire heure par heure.

Vous devinez quel intérêt j'ai pris à visiter

les monuments grandioses de l'Acropole, le Parthénon ruiné, mais toujours majestueux en dépit des quinze bombardements qu'il a subis au cours des siècles, des explosions terribles qui se sont produites sous ses gigantesques portiques de marbre blanc élevés par Périclès, ornementés par Phidias, temple unique au monde, tour à tour transformé en église par les chrétiens, puis en mosquée et finalement en forteresse par les Turcs, à peu près ruiné par les Vénitiens et systématiquement mutilé par lord Elgin... (1), et l'Erechteïon, avec ses suaves cariatides, vieilles de deux mille cinq cents ans...., et le temple de la Victoire aptère, et les propylées imposantes et la Pinacothèque, et la tribune de Démosthène sur le Pnyx, et la prison de Socrate creusée dans le roc, et le théâtre de Dyonisios avec ses sculptures merveilleuses, ses gra-

(1) Le tremblement de terre qui s'est produit au cours de l'été de 1894 a fortement ébranlé le Parthénon; les ingénieurs estiment à un million de francs la somme nécessaire à l'exécution des réparations urgentes à faire pour assurer sa conservation. — Un appel a été adressé aux Sociétés savantes de tous les pays en vue d'obtenir, par voie de souscription, les subsides indispensables pour sauver d'une ruine certaine ce monument sans égal.

dins, ses sièges de marbre portant encore les noms des dignitaires, comme l'hiérophante, qui entendirent là les chefs-d'œuvre de Sophocle, d'Euripide, d'Eschyle, d'Aristophane..... et l'Odéon d'Atticus, avec ses arcatures en plein cintre, sa cavea gigantesque, son vaste proscenium.....

Vous parlerai-je aussi de la Stoa d'Adrien, du Théseïon, du Stade, du temple d'Eole, de celui de Jupiter Olympien, du monument de Lysicrate aux formes délicates, du cimetière, du Céramique établi en bordure de la voie sacrée par laquelle passaient les théories des petites Panathénées pour se rendre du temple de Minerve à celui de la bonne déesse à Éleusis, véritable carrière de richesses artistiques, d'où sont extraits chaque jour des monuments funèbres du style le plus pur, taillés en plein marbre pentélique ?

Mais ce sont là bien savants souvenirs et je n'y veux insister dans la crainte de passer pour ennuyeux ou pédant aux yeux de vos lecteurs.

Permettez-moi donc de laisser de côté les réminiscences classiques et de vous donner mes impressions de touriste sur la *moderne Athènes*.

*
* *

La capitale des Hellènes est en voie de transformation ; nombre de Grecs, après avoir fait fortune, dans le commerce ou dans la banque, reviennent chaque année bâtir des maisons luxueuses (1), parfois même des palais, en bordure de ses larges avenues plantées de poivriers au léger feuillage, sillonnées par des tramways à vapeur et animées par de nombreux promeneurs aux costumes pittoresques.

Vers 1830, Athènes ne comptait guère que dix mille âmes ; le chiffre de sa population est aujourd'hui de cent vingt mille âmes, et l'on peut, dit-on, porter ce chiffre à deux cent mille, si l'on y ajoute celui des habitants du Pirée, cité industrielle assise autour d'un port superbe, distante de douze kilomètres de la ville, mais néanmoins considérée comme un de ses faubourgs, sans doute en vertu d'une tradition vingt fois séculaire.

Les musées nationaux sont d'une richesse inouïe et admirablement organisés. Les visi-

(1) On bâtit environ cinq cents maisons par an à Athènes.

teurs peuvent y suivre sans peine les progrès de l'art sculptural depuis l'époque la plus archaïque, en passant par celle de Périclès, qui en vit l'apogée, jusqu'à la décadence byzantine. On y rencontre des statues qu'on croirait égyptiennes en raison de leurs formes raides et sévères, puis des groupes charmants, des femmes pudiquement drapées, de gracieuses terres cuites de Tanagra aux costumes élégants, des dieux, des déesses, des héros, des inscriptions sacrées et profanes de toutes les époques, d'un prix inestimable au point de vue historique et topographique.

Laissez-moi vous citer encore en passant la galerie des vases antiques qui ne comporte pas moins de trois mille pièces diverses, puis la *Collection Schliemann* dans laquelle on admire les trésors arrachés par ce savant allemand aux profondes sépultures de Mycènes, datant au bas mot du XIIe siècle avant Jésus-Christ !...

Croiriez-vous que ces fouilles ont rendu des vases d'or massif travaillés au repoussé avec un art irréprochable, des poignards larges de deux doigts dans la lame desquels le ciseleur a su battre des ors de diverses couleurs, figurer des combats et des chasses mouvementés, tracer des arabesques délicates et variées ? En vérité, on se sent troublé quand on a sous les yeux les spécimens de l'industrie artistique de cette période quasi-préhistorique, et les idées qu'on se faisait d'un passé lointain se modifient singulièrement à la vue de ces joyaux contemporains de rois et de reines inhumés depuis trois mille ans et plus, tels : Agamemnon et Clytemnestre !

*
* *

A côté de la vieille Athènes, au-dessous de l'Acropole de Périclès, s'étale donc la moderne capitale, toute peuplée de gens aux costumes étranges ; dans ses grandes rues bordées de magasins superbes circulent de vieux palikares en jupons blancs, coiffés de fez, guêtrés de drap brodé et vêtus de petites vestes bleues soutachées de noir, des soldats en fustanelles (1) à la taille bien prise, chaussés de

(1) Jupons blancs à plis nombreux descendant jusqu'aux genoux. — Les soldats dont il est ici question se nomment les Évezons. Il en existe trois régiments qui fournissent la garde royale.

babouches pointues ornées de bouffettes de soie, portant allègrement la petite dalmatique blanche et noire, brodée, munie de fausses manches pendantes qu'on prendrait pour des ailes quand ils marchent d'un pas rapide à l'encontre du vent, dans ces nuages artificiels blancs et épais qui sont la spécialité d' « Athènes la poussiéreuse ».

A côté de ces grandes artères, tout autour de ces vastes places transformées en squares plantés de palmiers énormes, d'aloès, de cactus, d'orangers en fleurs, se pressent et se croisent des ruelles tortueuses, innombrables, bordées de magasins et d'échoppes aux étalages criards, faits d'un amas confus de cuirs découpés, de tissus aux nuances voyantes, de tapis, de coffres, d'armes, de chaussures, d'ustensiles divers, de bijoux extraordinaires, modernes ou anciens.

Ici, le bruit d'un moulinet mécanique muni de petites boules qui frappent en cadence quatre verres à boire symétriquement disposés, appelle l'attention du passant sur le débit de « vin résiné » et de mastic (1), devant

(1) Le vin résiné est un vin blanc auquel on a

la porte duquel rôtit, sur le trottoir même, un mouton tout entier. Là, des marchands de babouches nous invitent à qui mieux mieux, du geste et de la voix, à entrer dans leurs échoppes ouvertes à tout venant, afin d'y choisir chaussures à notre pied ou tout au moins à notre convenance.

En passant nous remarquons des fûts de colonnes, des chapiteaux, des vases de marbre blanc encastrés dans des façades sans style ; ce sont autant de débris précieux de l'antique cité grecque, trouvés dans leurs fondations ou bien négligemment conservés et utilisés dans la moderne construction qui a pris la place d'un temple, d'un portique de Stoa ou de l'entrée de l'Agora.

*
* *

Pendant cinq jours, nous avons successivement visité toutes ces merveilles du passé, farcies de souvenirs, dirais-je, si j'osais me servir de cette expression vulgaire, et aussi les curiosités du présent : le palais royal et

ajouté de la *résine*, ce qui lui donne un goût très apprécié des Grecs. — Le mastic est une sorte d'anisette aromatisée avec de la résine du mastic de Syra.

ses immenses jardins, l'Académie, les bains de Phalère, etc. Nous sommes montés sur la colline rocheuse de l'Aéropage, d'où l'apôtre saint Paul eut le courage d'enseigner la philosophie évangélique aux fervents adeptes des divinités païennes scandalisés ou étonnés de son audace; nous avons escaladé le Lycabète, couronné par l'antique chapelle Saint-Georges, et contemplé de son sommet l'Hymette jadis réputé pour le miel de ses abeilles et maintenant aussi aride que désert, le Pentélique à la masse énorme, aux flancs largement ouverts, d'où sont sortis depuis des siècles les blocs colossaux de marbre blanc, dont le sol de la Grèce est encore littéralement jonché à cette heure.

Au cours de notre séjour à Athènes, nous avons eu la bonne fortune de pouvoir assister dans la cathédrale même au grand office célébré par le clergé grec à l'occasion de la fête du roi Georges, en présence de tout le corps diplomatique réuni. Notre qualité d'étrangers nous a même valu le précieux avantage de prendre place dans le sanctuaire, immédiatement derrière les ambassadeurs, en avant de l'iconostase, et de suivre attentivement les moindres détails de la cérémonie, qui fut des plus imposantes en dépit de l'absence du roi présentement en voyage à l'étranger.

*
* *

Vous devinez, par ce simple exposé de faits, par ce résumé de souvenirs, combien j'aurais de choses intéressantes et originales à vous narrer, mais à ce compte-là, si je devais tout dire, il me faudrait composer des volumes et mes lettres deviendraient d'interminables chapitres d'énormes in-folio; j'abrège donc.

Le 9 mai, au lendemain d'une intéressante excursion au vieux monastère de Daphné (1) et aux célèbres ruines d'Éleusis, qui jonchent la colline sise en face de l'île de Salamine,

(1) On vient de découvrir aux voûtes de l'église du couvent de Daphné des mosaïques anciennes de toute beauté que le gouvernement grec fait restaurer en ce moment même. Elles représentent le Christ bénissant les douze apôtres et diverses scènes du Nouveau Testament. Ces mosaïques datent vraisemblablement du IXe siècle. Il en existe de semblables à Livadia, près Corinthe, dans le Péloponèse, m'a dit M. Novo, artiste italien chargé de la restauration des mosaïques de Daphné.

célèbre par la défaite des Perses, nous avons gagné le port du Pirée, au sein d'une véritable trombe de poussière; celle-ci s'élevait de la route cahoteuse mal entretenue et retombait sur les oliviers aux teintes tristes; à n'en pas douter, la tempête s'annonçait, mais il fallait partir quand même, se décider à prendre la mer, car le *Cambodge* était là à l'ancre, après avoir été impatiemment attendu dès la veille, retardé qu'il avait été dans sa marche depuis Marseille, par le mauvais temps continu.

*
* *

Ce même jour, à onze heures du matin, notre navire donna son dernier coup de sifflet et s'élança rapide sur les flots bleus légèrement écumants.

C'est encore de son bord, à la date du 11, que je griffonne ces lignes, tandis que l'hélice battant à coups répétés les eaux calmes de la mer de Marmara, fait trembler la table sur laquelle je suis tant bien que mal installé.

Ce n'est pas que je veuille me plaindre de ce mouvement supportable, tant s'en faut, car nous nous trouvons, au contraire, en paradis, à cette heure, en songeant aux secousses effroyables que nous avons subies avant-hier, pendant de longues heures, au cours de notre traversée de la mer Egée.

En effet, après avoir successivement salué l'île d'Égine, doublé le cap Sunium, au sommet duquel se dressent les ruines d'un temple de Minerve, traversé le canal d'Oro et celui de Zéa, nous avons roulé et tangué pendant de longues heures sur les flots, en courroux. Enfin, vers une heure du matin nous avons retrouvé le calme dont nous avions tous le plus grand besoin dans le golfe profond de Smyrne aux rives verdoyantes, peuplées de villages et environnées de hautes montagnes aux teintes vaporeuses.

Le 10 mai, quand sonna l'heure du réveil, nous nous trouvâmes en face des alluvions du fleuve Hermus et là-bas, dans le lointain, se dressaient les hautes cimes grises et bleutées du Sipylos et du Pagus au pied desquels s'étage coquettement le richissime emporium de l'Asie-Mineure, Smyrne, la ville au port merveilleux, aux quais immenses, aux bazars bondés de marchandises les plus variées, peuplée de gens de toutes couleurs, vêtus de costumes disparates et bizarres, de guenilles décoratives en raison de leur variété même et de l'éclat de leur coloris rehaussé par le beau soleil d'Orient !

A bientôt, cher ami, la suite de ces notes rapides et décousues, car si cette histoire de mon voyage a le don de vous plaire, je me sens disposé... sinon « à la re-re-re-re-commencer », comme dit la chanson, tout au moins à la continuer au profit des lecteurs fidèles et courageux qui daignent suivre mon récit forcément écourté, mais exact et absolument sincère.

Ve LETTRE

Smyrne.
Son port, ses quais, ses bazars.
Que font là ces trois cuirassés anglais ?
Le pont du *Cambodge.*
La clef des Dardanelles.
La mer de Marmara. — Entrée dans la Corne d'or !
Impressions successives.
Conclusion.

A Monsieur DOMET, *d'Orléans.*

Constantinople, le 16 mai 1895.

Si j'ai bonne mémoire, ma dernière lettre écrite à la hâte, à bord du *Cambodge*, vous racontait notre voyage d'Athènes à Smyrne ; mais elle ne comportait aucun détail sur cette ville pittoresque, prospère, éminemment commerçante, que je qualifiais du vrai nom qui lui convient : « Emporium de l'Asie Mineure. »

En effet, Smyrne n'est qu'un immense

bazar, aux ruelles étroites bordées de boutiques sombres et sans devantures, garnies de marchandises les plus variées. De loin en loin, cependant, dans ce dédale, le voyageur, guidé par son drogman, découvre des fontaines de marbre, des places inattendues, des mosquées et des *hâns*, vastes cours carrées dans lesquelles circulent ou stationnent de longues files d'énormes chameaux ruminants, assis ou couchés, reliés ensemble par une longue corde, portant d'un air indifférent des caisses colossales, des paquets, des ballots si larges qu'ils tiennent avec l'animal lui-même la largeur des ruelles et carrefours. Malheur à l'imprudent qui tenterait de disputer le passage à ces porteurs ou négligerait de se ranger à leur approche ; il serait écrasé le long des murs comme le grain sous la meule.

C'est dans l'intérieur de ces *hâns* que se formaient jadis les grandes caravanes à destination de la Perse, de l'Arménie, de la Syrie et autres contrées lointaines; dans les cellules de leurs cloîtres superposés logeaient les commerçants et les chameliers; sous leurs hangars s'entassaient les colis entoilés, cordés et marqués, mis en dépôt en attendant l'heure du départ. Il y a cinquante ans à peine, gens et bêtes s'agitaient en foule dans ces temples de l'activité commerciale, mais aujourd'hui ces établissements ont beaucoup perdu de leur ancienne importance; les chemins de fer, les services de paquebots à vapeur ont déplacé les centres commerciaux, assuré la rapidité des communications, modifié, bon gré mal gré, sur ce point, les habitudes séculaires de l'immobile Orient.

La vie, le mouvement se sont portés sur les quais immenses, établis dans toute la largeur de la baie vers laquelle semble descendre la ville bâtie en amphithéâtre, comme si elle découlait en nappe de la grande et antique forteresse qui la domine.

Les bureaux, les agences, les hôtels, les entrepôts, les boutiques disposées à l'européenne forment un rideau sur ce quai spacieux, bien dallé, d'une longueur de quatre kilomètres, encombré de boutiques volantes, de charrettes, de tréteaux, de piles de bois, de tas de fer et de fonte, de sacs, de ballots de laines, de paquets de peaux, d'outres énormes, de tonneaux, de caisses, de cordages, etc., etc.

Faites circuler par la pensée, au milieu de ces entassements divers, des *hamals* (1), coiffés de fez, ceints de larges bandes d'étoffes rouges ou rayées de couleurs vives et disparates, vêtus de gilets aux teintes criardes, de pantalons courts, puis des Européens, quelques rares femmes voilées qu'on prendrait pour des dominos échappés d'un bal masqué, des chameliers en guenilles, des marins de toutes nationalités, des soldats turcs affublés comme des brigands d'opéra-comique, des douaniers, des âniers, des muletiers, des mendiants, des estropiés, des mercantis, que sais-je encore ?

Faites crier, hurler, courir, manger et boire toute cette foule composée de blancs, de noirs, d'olivâtres, de cuivrés ; ajoutez à leur cacophonie sauvage celle que produisent les sifflets des paquebots, le grincement des chaînes, les aboiements des chiens, les appels et les imprécations des bateliers, et vous aurez une idée suffisamment exacte de la physionomie du port de Smyrne.

(1) Commissionnaires, portefaix, « *forts comme des Turcs* », mais généralement *Arméniens*, sans doute pour donner tort au proverbe rappelé ci-dessus.

Tournez-vous maintenant, s'il vous plaît, vers la rade ; voyez cette forêt de mâts au-dessus de laquelle planent des bandes de mouettes aux grandes ailes et voltigent des tourterelles, d'où s'échappent des nuages de fumée noire ou blanche ; remarquez ce fouillis de barques, de légers caïques qui s'avancent à force de rames, se croisent, s'évitent, s'abordent, ballotent au gré du clapotis, se pressent autour des steamers ou reviennent vers la rive. Voyez encore là-bas, à mi-chemin de l'entrepôt et de la douane, au large, ces trois grands navires de guerre anglais, solidement amarrés, dont le pont, les tourelles et les hunes sont surchargés de canons d'acier de toutes tailles ; on dirait des monstres qui font semblant de dormir paresseusement au soleil, mais gardent un œil ouvert pour surveiller les batteries gazonnées, surmontées du drapeau rouge chargé d'une étoile et d'un croissant, qui verdoient à quelque distance derrière eux, au ras des flots.

Qu'un coup de clairon retentisse, qu'un sémaphore agite ses bras dans la hune, qu'un pavillon soit hissé dans les vergues et le monstre sortira brusquement de sa torpeur pour vomir le fer et le feu sur les forts et les quais environnants.

Mais à cette heure l'Anglais est débonnaire, il stationne et n'a pas de raison d'attaquer ; oyez plutôt les flots d'harmonie qui s'échappent des flancs du vaisseau amiral et arrivent jusqu'à nous, portés sur les ailes du zéphir...

Adieu, Smyrne, il faut partir ! Le *Cambodge* a fini de débarquer ses marchandises, voici qu'il rappelle ses passagers ; sa sirène vient de mugir, la fumée sort abondante de sa vaste cheminée ; il est sous vapeur. Filez, chaloupes et caïques, déposez prestement vos passagers à bord et regagnez les quais sans perdre de temps, la vaste maison flottante va mettre le cap vers l'Occident, échanger au passage le salut réglementaire avec les mouvantes forteresses anglaises, entre lesquelles elle se trouve obligée de passer, gagner la mer Égée, longer la côte de Lesbos, reconnaître l'île fameuse de Ténédos et « les champs déserts où fut Troie », avant de s'engager dans le goulet des Dardanelles.

Nous sommes en route ! Grimpez avec

nous sur le gaillard d'arrière, par les escaliers étroits aux rampes de cuivre, et de cet observatoire improvisé, jouissez du curieux spectacle qui se déroule sous vos yeux.

Le pont du *Cambodge* a changé d'aspect, on le prendrait pour un camp, pour un marché, pour une mosquée, que sais-je encore? et tout cela à la fois. A tribord, à babord, s'entassent des Turcs, des Arméniens, des Grecs, de pauvres passagers de tous sexes, de tous âges, de toutes conditions, revêtus des costumes les plus disparates ; ceux-ci étendent des nattes, des tapis, des matelas, ceux-là se blottissent comme ils peuvent au milieu des paniers d'oranges, des caisses et des treuils ; ils boivent, ils mangent, ils prient, ils causent, s'agitent et s'installent. Celui-ci fait des signes de croix innombrables avant de partager avec les siens son modeste repas composé de pain, de viande froide et d'œufs durs colorés en rouge qu'il extrait un à un d'une chaussette de laine ; celui-là se tourne vers la Mecque, invoque Allah, se prosterne à vingt reprises sur son tapis de prière en élevant les mains ; cet autre édifie un rempart de ballots et de sacs faits de vieux tapis de Smyrne autour de ses femmes soigneusement voilées, emmitouflées et mollement assises les unes auprès des autres ; ce vieil hadji à turban vert, à longue barbe grise, enfoui dans sa houppelande de nuance olivâtre et fourrée, fait ses comptes sur ses caisses de marchandises avec le calme du négociant accroupi dans son échoppe du bazar. Ce jeune homme tire des sons aigrelets d'une longue flûte de roseau, ceux-ci jouent aux cartes, cet autre fait l'inventaire de son sac en tissu de poils de chameau ; par ici on prend le café, par là on disserte avec animation ; ce gros poussah imberbe, aux mains épaisses, au visage bouffi, aux paupières alourdies, le dos à demi-appuyé sur le bastingage, se laisse bercer béatement au gré du roulis..... Mais j'aurai beau décrire, le tableau ne sera jamais complet.

Peu à peu chacun s'est fait un sort, le jour baisse et le pont est littéralement couvert de corps humains roulés dans des couvre-pieds, des peaux d'animaux, des manteaux de drap grossier, des sacs de toile ou des bâches, et les matelots sont obligés d'enjamber ces dormeurs pour aller du gaillard d'avant au gaillard d'arrière.

Mais quels sont ces gens tout de noir habillés, vêtus de longues redingotes effrangées et râpées, qui se tiennent debout auprès de la machine et semblent former bande à part? Ils ont un type spécial et bien caractérisé. Leurs belles têtes aux grands yeux doux et expressifs, encadrées d'une longue barbe noire, sont enveloppées de foulards aux teintes sombres; ils fument et conversent volontiers en anglais, en français, en turc avec les passagers de première classe qui les abordent successivement.

Voyons un peu qui peuvent bien être ces mystérieux personnages. Abordons-les à notre tour et, pour entrer en relations avec eux, offrons-leur la cigarette de l'amitié.

— Merci, Moussié, me répond en acceptant le chef de cette petite tribu; puis, tournant les yeux vers le ciel et élevant lentement les mains comme un prêtre qui pontifie :

— Dieu protège tous les chrétiens, Moussié!... Jé vous remercié pour mes frères et pour moi ; qué le Père vous bénisse!

— Mais qui êtes-vous donc pour parler ainsi?

— Nous sommes des prêtes (*sic*) arméniens,

Moussié, des chrétiens commé vous, Moussiés les Français, nous révénons de Marseille nous allons à Batoum et à Trébizonde, nous sommes des missionnaires catholiques qui retournons dans notre pays !

Et cette réponse nous est donnée d'une voix douce, avec un bon sourire, accompagné d'un long regard affectueux.

Alors, sans se connaître davantage, on se serre chaudement la main; les « bon voyage ! » s'échangent comme entre vieux amis dont les cœurs battent à l'unisson... Une foi commune nous rapproche ; ne sont-ce pas des frères que nous venons de retrouver au milieu de ces musulmans fanatiques et méprisants vis-à-vis « *des giaours fils de chiens* » ?

*
* *

Il est deux heures et demie. La nuit est calme et froide ; à travers le hublot de notre cabine nous voyons la lune semer du haut du ciel des paillettes d'argent sur la surface de la mer à peine agitée ; pourquoi donc l'hélice du *Cambodge* s'est-elle brusquement arrêtée ?..... Que se passe-t-il ?..... A quels propos ces commandements, ces bruits de poulie au-dessus de nos têtes, ces manœuvres évidemment faites en vue de mettre une chaloupe à la mer? Serait-il donc arrivé quelque accident à la machine? Une voie d'eau se serait-elle brusquement déclarée dans la cale? Telles sont les réflexions qui se pressent dans notre tête, tandis que nous nous réveillons en sursaut dans nos couchettes, mon compagnon de cabine et moi.

Le premier moment de surprise passé, celui-ci me rassure par cette facétie: « Je sais ce que c'est; d'après l'heure qu'il est, je devine que nous devons être à Kélid-ul-Bahar (1), c'est-à-dire entre le château d'Europe et le château d'Asie, et le capitaine envoie sans doute chercher « la clef des Dardanelles! »

Cette boutade bien française achève de nous réveiller et nous montons en toute hâte sur le pont afin d'essayer de jouir du spectacle que présente le fameux détroit dans ce passage resserré. Nous voyons à tribord et à bâbord des feux rouges et verts qui se multiplient dans les ondes formées par le courant rapide

(1) Ce nom signifie : *la clef de la mer*; le détroit n'a que 1,950 mètres de largeur en cet endroit.

qui fuit vers la mer Égée et sur les côtes d'Europe et d'Asie distantes de moins de deux kilomètres, de vastes bâtiments, des casernes, des fortifications ; enfin, nous apercevons distinctement la chaloupe qui conduit à terre le docteur du bord afin qu'il puisse présenter sa patente au service de « la Santé » et obtenir « la libre pratique » avant d'entrer dans la mer de Marmara.

*
* *

Cette fois encore, la cérémonie faite, chacun s'en fut recoucher ; quand nous nous réveillâmes pour tout de bon, vers six heures du matin, il faisait grand jour ; le *Cambodge* se trouvait en face de Gallipoli que nous ne tardâmes pas à laisser à babord.

Au loin se dessinèrent bientôt les petites îles de la mer de Marmara dont les eaux tranquilles comme celles d'un lac resplendissaient sous les feux du soleil.

Notre horizon était borné de tous côtés par des montagnes peu élevées dont les silhouettes vaporeuses s'estompaient en gris sur le ciel, se fondaient dans la brume et limitaient vaguement la mer à nos yeux.

Cependant nos regards sondaient obstinément l'Orient dans l'espoir de découvrir la coupole de Sainte-Sophie et les minarets de Stamboul.

Vers une heure de l'après-midi nous commençâmes à distinguer les rives du Bosphore, peu à peu la vision devint plus nette à mesure que notre navire fendait la mer unie comme une glace. Bientôt nous pûmes détailler à babord les maisons du village de San Stefano (1), célèbre par le fameux traité signé entre la Russie et la Turquie, à la fin de la guerre des Balkans ; à tribord se dressèrent les îles verdoyantes des Princes, et devant nous, enfin, surgirent dans la verdure d'innombrables minarets pareils à des cierges immenses disposés autour des coupoles larges et basses, des cyprès, de vieilles tours aux teintes grises et jaunes, puis les maisons étagées sur la colline qui sépare la mer du port de la célèbre Corne-d'Or, prirent des formes plus précises ; enfin, l'entrée du Bosphore apparut à son tour et Stamboul, Scutari, Kadi-Keuï, Péra, Galata dominée par sa

(1) San Stefano n'est qu'à 18 kilomètres de Constantinople. — Le traité fut signé en 1878.

haute et massive tour blanche, se séparèrent pour ainsi dire devant nous.

*
* *

Ah! de ma vie, je n'oublierai, cher Monsieur et ami, le spectacle grandiose de cette entrée à Constantinople, si souvent, si habilement décrit par les poètes et les littérateurs de toutes les nations accourus des quatre coins du monde pour contempler cette merveille et goûter le charme de cette féerie!

Demandez à Chateaubriand, à Edmond About, à Théophile Gautier et tant d'autres maîtres dans l'art d'écrire cette description que je ne saurais tenter d'esquisser, tant je suis sûr de demeurer piteusement au-dessous de ma tâche.

Je m'arrête; demeurez, si vous le voulez, en contemplation devant ce tableau sans rival, et reprenez haleine pour nous suivre bientôt dans notre course folle à travers les rues, les vieilles mosquées, les bazars, les cimetières et les monuments divers de l'ancienne capitale de l'Empire d'Orient!

VIe LETTRE

Eclaircissement d'un mystère.
Presse et police.
Un débarquement à Constantinople.

Constantinople, le 19 mai 1895,

A Monsieur DUMONT,
Rédacteur en chef du Patriote Orléanais.

MON CHER AMI,

J'AURAIS mille choses à vous narrer sur Constantinople et ses environs, sur ses monuments, ses bazars, touchant les mœurs, les coutumes, les sentiments de ses habitants, mais je me suis promis de ne choisir que les croquis les plus intéressants de mon album de voyageur pour les soumettre aux lecteurs du *Patriote*, dont je veux ménager la patience et l'indulgence à mon endroit.

Vous dirai-je, en commençant ce récit, que je viens d'éclaircir un mystère ? Vous vous souvenez que dans ma dernière lettre je vous signalais la présence dans le port de Smyrne de trois grands cuirassés anglais. « Que diable ! me disais-je, ces Anglais si pratiques d'ordinaire viennent-ils faire dans ces parages ? » Évidemment, le ministre qui a envoyé là ces trois stationnaires armés jusqu'aux hunes avait « *une pensée de derrière la tête* » ; mais quelle est cette pensée ?.....

Or, il faut que vous sachiez que rien n'est malaisé comme d'avoir en Turquie des renseignements précis sur les événements politiques intéressant le gouvernement ottoman. Les journaux locaux sont muets par ordre ; ceux qui viennent de France et des autres pays sont lus attentivement et... supprimés purement et simplement, m'assure-t-on, lorsqu'ils renferment des articles, voire même des phrases qui ne sont pas du goût du ministre chargé de la police de l'Empire. Les Français résidant à Péra en sont réduits à se dire : « Tiens, le *Figaro*, le *Temps*, le *Gaulois* ne sont pas arrivés aujourd'hui ni même depuis trois jours ; il doit y avoir quelque affaire nouvelle de haute importance... Les massacres de chrétiens auraient-ils recommencé en Arménie ? La question d'Orient serait-elle soulevée de nouveau ?... » Comment faire pour se renseigner ? *Il faut parler plus bas ici qu'à Venise au temps du Conseil des Dix !* La police est si bien organisée à Constantinople, qu'on prétend qu'une moitié du budget est employée à son entretien (1), et les étrangers fixés dans cette ville n'osent guère questionner leurs voisins ni se livrer aux personnes qu'ils connaissent peu ; ils vivent dans une réserve perpétuelle.

J'entends donc dire *tout bas* que des événements terribles se déroulent en ce moment en Arménie et que les puissances viennent d'adresser des remontrances à la Sublime-Porte à l'occasion des massacres récemment commis, notamment à Erzéroum et à Sivas (l'ancienne Sébaste).

(1) Il y a là une exagération populaire évidente; toutefois, depuis mon retour en France, j'ai eu sous les yeux le livre de M. des Godins de Souhesme intitulé : *Au pays des Osmanlis*, publié en 1894; or, à la page 345 (note 2), l'auteur affirme « que le chef du cabinet politique du Sultan dispose d'un budget de 360,000 francs *par mois*, non compris les faux frais » (*sic*).

A coup sûr vous en savez plus long que moi sur ce point, pour trois raisons. Je viens de vous indiquer la première; la seconde, c'est que je n'ai pas le temps de lire les journaux rédigés en français et autorisés, ils ne m'apprendraient absolument rien, d'ailleurs; enfin je ne sais où trouver des gens bien informés et surtout disposés à m'éclairer.

En résumé, l'escadre anglaise serait là, me dit-on, attendant des ordres et toute prête à bombarder Smyrne ou quelque autre port turc à l'échéance du premier ultimatum.

Informez-vous et voyez si je suis bien renseigné. Je ne puis vous communiquer ces notes que sous les plus expresses réserves (1).

(1) Trois jours après que cette lettre était écrite, l'Agence Havas communiquait au *Patriote Orléanais* la note suivante (nº du 23 mai 1895) :

LA QUESTION ARMÉNIENNE

Constantinople, 21 mai.

La visite des commissaires européens au village de Cheliegusin a confirmé les récits qui ont été faits des massacres,

Récemment, les prédicateurs dans les mosquées de Stamboul ont recommandé aux musulmans la bienveillance envers les Arméniens, sujets cinq fois séculaires, qui ont rendu de grands services à la Turquie,

*
* *

Mais laissons là, si vous le permettez, la fameuse *question d'Orient*, la politique européenne, et revenons à mes modestes notes de voyage.

Aussi bien, me semble-t-il, le récit d'un débarquement à Constantinople devra plus vivement intéresser vos lecteurs que des considérations d'intérêt général.

Vous croyez peut-être qu'on débarque aux échelles de Top-Hané ou de la Corne-d'Or, comme au Havre, à Marseille ou à Bordeaux ?

Détrompez-vous, l'opération est ici très compliquée, relativement coûteuse, toujours longue, assommante, souvent dangereuse, mais en revanche éminemment pittoresque, Écoutez plutôt !

Lorsque le *Cambodge*, avec son pont et ses gaillards encombrés de cette foule bigarrée que je me suis efforcé de décrire, eut franchi l'entrée du Bosphore entre la pointe du Vieux-Sérai et Scutari, il vira lentement de bord, puis, toujours sifflant et luttant contre le courant terrible en cet endroit, chercha à s'approcher des quais en construction.

Vous devinez sans peine qu'en un port encombré de vastes bâtiments, de chaloupes, de bateaux-mouches, de caïques et de chalands, on ne dirige pas comme une pirogue un vapeur de 101 mètres de longueur, de 11m 73 de largeur, d'un tonnage de 2,571 tonnes et muni d'une machine d'une force nominale de 3,500 chevaux !

Je plains le capitaine auquel incombe la responsabilité d'une pareille manœuvre ; il doit, sans être capon, « trembler plus d'une fois dans sa peau » pendant qu'elle se fait. Songez aux conséquences d'un abordage toujours à redouter dans un tel passage. C'est précisément en cet endroit, me dit-on, que se perdit, il y a quelques années, le grand transport « l'*Amérique* ». Ce fatal accident se produisit par suite d'une fausse manœuvre ; le navire mouillé fut inopinément abordé par un autre bâtiment en dérive ; une formidable voie d'eau se produisit aussitôt dans son flanc ; en quelques minutes, le transport français coula à pic et bientôt, du quai, les témoins impuissants de ce sinistre ne virent plus que la flèche du grand mât émergeant des flots comme une balise destinée à signaler l'énorme et précieuse épave !.....

Bientôt, un remorqueur vint à nous, prit à son bord l'extrémité de notre filin gros comme le bras d'un homme et tout neuf, puis l'emporta avec lui et le remit à des gens du port qui l'amarrèrent solidement sur de vieux canons plantés au bord du quai, devant la douane. Notre machine s'arrêta tout aussitôt, mais le courant entraîna si vivement notre maison flottante que les amarres se tendirent à se rompre. Une vive inquiétude ne tarda pas à se manifester sur le visage des hommes employés au cabestan mû par la vapeur : « Stoppez !... Amarrez ! Larguez ! larguez donc, mille tonnerres !... Un homme à l'arrière !... Envoyez-moi le mousse par ici !... Abraquez, abraquez !... Retirez-vous, Mesdames ; sortez, Messieurs ; veuillez descendre ; circulez, je vous prie ; vous êtes en danger près de ce cordage.., éloignez-vous ! » Tels étaient les commandements, les avertissements qui sortaient coup sur coup de la bouche du second et de celles de ses matelots.

A peine ce dernier avis était-il donné qu'un bruit terrible, aussitôt suivi d'une violente secousse, se produisit. La maîtresse poulie, grosse comme mon corps, sur laquelle passait le filin, venait de se rompre, son crochet de fer s'était brisé tout net et l'énorme engin de bois bardé de métal violemment arraché du pont auquel il était solidement fixé, partit comme un boulet de l'arrière à l'avant, fauchant ou culbutant tout ce qu'il rencontrait : sacs, cannes, parapluies, caisses et bagages.

Par bonheur tout le monde avait obéi au commandement ; les passagers, anxieux, s'étaient retirés, qui dans les cabines, qui à tribord, qui à babord, et aucun accident de personne ne fut à déplorer.

Mais le *Cambodge* se mit à dériver, à grande vitesse, au milieu des caïques chargés de hamals, de drogmans, de rameurs accourus pour monter à l'abordage et se partager comme une dépouille passagers et colis.

Cependant les marsouins, les macreuses, les aigles pêcheurs se jouaient insouciants autour de nous et plongeaient avec délices au milieu des amoncellements de détritus formés par les lies de courants que nous déplacions en passant.

Nous perdîmes environ une heure et demie tant à reprendre nos amarres tombées à la mer, qu'à recommencer la manœuvre manquée; il fallut même renoncer à accoster les quais, et l'ancre fut jetée en pleine rade.

Alors des centaines d'embarcations parties de la rive vinrent se coller aux flancs du *Cambodge;* elles s'abordèrent, se heurtèrent, s'amarrèrent; nous vîmes les hamals en guenilles, les interprètes, les guides enjamber pêle-mêle, au risque de leur vie, bancs et bordages et se pendre en grappes humaines aux hublots, aux échelles, aux cordages, au gouvernail, à toutes les aspérités du steamer.

A un signal donné, cette horde de sauvages entraînant avec elle des cawas galonnés (1), des hommes correctement vêtus, envahit le pont, s'abattit sur les caisses et les gens, comme sur une proie qui leur était destinée.

En cet instant, mon cher ami, j'eus l'impression très nette d'un abordage de pirates. Si,

(1) Les cawas sont les *suisses* des ambassades et consulats.

comme moi, vous aviez vu ces visages brûlés par le soleil, ces yeux pleins de flammes, ces barbes hirsutes, ces chevelures en désordre débordant de fez et de turbans graisseux ou maculés, ces gens aux vêtements en loques, nu-pieds et chaussés de babouches déchiquetées, aux bras et aux jambes tannées, terriblement musclés et velus, vous comprendriez mieux encore ce que je veux dire.

A leur approche, nous reculâmes instinctivement dans le salon sur lequel s'ouvraient nos cabines comme des assiégés acculés dans le réduit d'une forteresse ; volontiers nous eussions mis le revolver au poing pour défendre nos bagages et nos personnes.

Alors, commença sur le pont un branle-bas effroyable ; les hommes, les femmes, les enfants se bousculaient, s'appelaient, se plaignaient ; dans les échelles, des hamals chargés de caisses, de valises, s'efforçaient de descendre vers les caïques, tandis que les retardataires cherchaient à grimper en sens inverse pour prendre part à la curée.

C'était un vacarme épouvantable, un brouhaha d'appels, d'offres de services faits dans toutes les langues : « Signori ! Signora ! Moussiou ! Meinherr ! Matâme ! Señor ! Sir ! Sidi ! Mistress ! Milady ! Pacâches ! Donnez-moi... Vous voulez ?... Un bon hôtel pour ces messieurs ?... Ces dames cherchent peut-être un guide ? » Etc., etc.

Enfin, le premier flot passa et nous pûmes, grâce à l'activité des deux drogmans de notre hôtel envoyés à notre avance et des aides choisis par eux, descendre sans anicroches dans la barque qui nous était réservée.

En quelques coups de rames nous fûmes à quai ; alors commença la cérémonie de la douane, c'est-à-dire l'exhibition des passeports, le transport des colis, l'ouverture des bagages désignés au hasard par les employés pour être visités.

On fouilla nos malles, on enleva nos livres, nos papiers, sous prétexte qu'en dehors du Coran il n'existe que des volumes inutiles ou dangereux. Si je vous disais qu'il nous fallut cacher nos Guides-Joanne, c'est-à-dire les prendre sur nous pour les faire bénéficier de l'immunité accordée à nos personnes en *vertu du traité de Berlin !* Oui, mon cher ami, mes catalogues des musées d'Athènes, imprimés en français, furent pris entre mes chemises, mis à part et soumis à la censure d'un chef de service qui, d'ailleurs, me les rendit bientôt très poliment.

Au milieu d'un tohu-bohu général, nous bouclâmes tant bien que mal nos valises et tour à tour tamponnés et tamponnant, nous parvînmes, cahin-caha, au milieu des cloaques, des tas de moellons et des ornières, jusqu'aux voitures où nous pûmes enfin nous empiler.

Tandis que nous procédions à cet embarquement difficile, nous vîmes passer une civière fermée, portée par deux espèces de colosses arméniens, plus forts que des Turcs et précédée d'un agent de police en tenue de service ; elle abritait quelque pauvre diable détaché de la grappe humaine dont je parlais tout à l'heure, qui venait de s'assommer en tombant de l'échelle du *Cambodge* sur le bordage d'une chaloupe amarrée sous ses hublots.

Enfin, le défilé commença, pas solennel du tout, je vous assure, et sur une voie d'accession qui n'a rien de triomphal. — Mon Dieu ! quelle horrible chose que cette entrée de Galata, bordée d'échoppes ignobles, de boutiques innommables encombrées de légumes, de têtes de moutons rôties, de poissons et de comptoirs divers, juste assez large pour laisser passer une voiture, pleine de gens en guenilles, plus malpropres les uns que les autres, et de chiens au pelage de renard, faits comme des loups et indolents comme des marmottes.

En face de nous s'élevaient des escaliers mal pavés, bordés de maisons de bois, grossièrement bâties. Nous prîmes une rue tortueuse, montante, sans trottoirs ; à force de jarrets, de coups de reins et de colliers, nos courageux petits chevaux finirent par nous hisser jusqu'au « *Grand Hôtel du Luxembourg* », installé dans la grande rue de Péra.

Conclusion

Si quelqu'un vous dit : Constantinople est une ville merveilleuse, son panorama constitue un tableau féerique, j'ai vu cette ville du large et j'ai été ébloui... croyez-le !

Si quelqu'autre ajoute : Constantinople est un amoncellement de ruelles ignobles, malpropres, puantes, boueuses, une agglomération de maisons horribles, mal construites, encore plus mal entretenues, croyez-le de même !

Tous deux auront raison ; si Edmond About vivait encore il les mettrait dos à dos et les renverrait en leur disant :

« Vous êtes l'un et l'autre d'excellents observateurs et des témoins de bonne foi ; il est légitime de garder de Constantinople des impressions contradictoires.., mais successives ; il ne s'agit que de s'entendre ! »

VIIᵉ LETTRE

De Constantinople à Brousse par Moudiana.
Un hôtel français en Asie Mineure.

Constantinople, le 20 mai 1895.

Mon Cher Ami,

Nous venons de faire une fugue de trois jours en Asie Mineure. Oui, nous avons poussé notre pointe en Anatolie, porté nos pas jusqu'à Brousse, au pied de l'Olympe de Bithynie, dont le sommet neigeux, étincelant au beau soleil d'Orient, nettement visible du balcon de la tour de Galata, semblait solliciter du fond de l'horizon notre visite.

« Brousse, c'est le clou du voyage ! nous avait dit en partant de Paris M. Lubin en personne, et sous aucun prétexte le touriste qui va jusqu'à Constantinople ne devrait se ménager le regret d'avoir manqué la visite de la première capitale de l'Empire ottoman ! »

Vous n'ignorez pas, en effet, que la vieille Pruse, dernier refuge du pauvre Annibal trahi par son hôte (1), devint au XIVe siècle de notre ère le séjour préféré des Osman, des Mourad, des Mehmed, des Moussa et autres « princes ou commandeurs des croyants » dont les restes reposent dans des *turbés* somptueux élevés à côté des splendides mosquées jadis construites à grands frais par les fondateurs de la puissance des Osmanlis.

Certes, nous nous estimons heureux à cette heure d'avoir suivi le conseil qui nous était donné et d'avoir enrichi notre belle collection de souvenirs de ceux que nous rapportons d'Asie !

(1) Annibal, apprenant que le roi Prusias, son hôte, avait résolu de le livrer à ses ennemis, s'enfuit à Libyssa où il s'empoisonna pour éviter de tomber vivant entre les mains des Romains (183 avant Jésus-Christ).

Libyssa est aujourd'hui remplacée par le village de Gebseh sur la rive nord et à l'entrée du golfe d'Ismidt. Gebseh, est une station du chemin de fer de Scutari à Angora.

*
* *

Pour aller de Constantinople à Brousse, il faut s'embarquer aux échelles de Galata, mettre le cap au sud, s'engager dans la mer de Marmara, longer les côtes des verdoyantes îles des Princes, laisser à babord le golfe d'Ismidt, s'enfoncer dans celui de Gemlik et débarquer à Moudania.

Tout cela pourrait se faire en quatre ou cinq heures, mais dans la pratique les choses ne vont point aussi vite qu'on pourrait le désirer.

Pour quitter Constantinople et gagner l'Asie Mineure, le voyageur doit préalablement se munir, à grand renfort de bakchich, d'un passeport à l'intérieur dénommé *Teskéré*, visé dans une série de bureaux, le faire couvrir de cachets, de timbres, l'exhiber à toute réquisition, subir une douane de sortie, prendre un caïque, monter à bord d'un vapeur médiocrement aménagé, attendre que ledit steamer veuille bien se mettre en route, aller montrer sa langue et ses yeux à je ne sais quel médecin asiatique qui réside là-bas, bien loin, dans un petit port perdu au fond d'une crique bordée de maisonnettes qu'on dirait installées en vue de la culture intensive des microbes et lui certifier qu'il n'a aucune accointance avec le bacille-virgule ou ses congénères (1).

Alors, mais alors seulement, il peut continuer sa route et débarquer à Moudania. Evidemment ces Asiatiques redoutent avant toute chose le choléra européen !!!

Au port, nouvelle exhibition de teskérés, douane d'entrée cette fois et affrétement d'un véhicule capable de lui faire franchir dans de bonnes conditions de confort et de rapidité les vingt-huit kilomètres qui séparent les flots limpides des montagnes bleues (2).

*
* *

Ouf ! nous sommes en voiture, et nous

(1) Pourquoi donc cette visite ne se passe-t-elle pas avant le départ ? On éviterait ainsi aux futurs passagers les dangers de la contagion si elle est à craindre, et la durée du voyage serait abrégée.

(2) Je dois à la vérité de dire que, d'une manière générale, toutes les difficultés de cette nature nous ont été épargnées, grâce à la diligence de notre directeur de caravane, représentant de l'Agence Lubin, auquel je tiens à donner ici un témoignage de reconnaissance qui lui est bien dû.

allons pouvoir filer à brides abattues, car la route qu'il nous faut suivre est par hasard vraiment digne de ce nom. C'est d'ailleurs, nous assure-t-on, la seule bonne de cette région ; aussi est-elle à péage (1).

Nos automédons nous paraissent d'ailleurs remplis d'une noble ardeur. Ce sont de grands et beaux gaillards, bien découplés, à forte poigne, habillés de pantalons faits de bure, larges du fond, resserrés au bas de la jambe et soutachés de noir sur toutes les coutures, vêtus d'une chemise à dessins cachemire, coiffés de fez, chaussés de babouches et sanglés dans une large ceinture rouge qui monte jusque sous leurs bras et remplace le gilet absent.

Ah ! le fouet ne leur pèse guère dans la main ! Il est entendu qu'ils doivent, coûte que coûte, arriver à Brousse avant le train qui chauffe sur le quai de Moudania, dussent leurs chevaux en crever à la peine. Que diable ! il faut bien soutenir la concurrence de ce maudit chemin de fer construit en 1870, mais dont la

(1) Je crois que l'un des bas-côtés de cette route, mal entretenu d'ailleurs et abandonné aux charrettes, doit être livré gratuitement à la circulation.

voie est restée inutilisée pendant tant d'années que les buffles et les moutons allaient paître entre ses rails ! Il marche maintenant, depuis qu'une Société française l'a remis en état et que de nouveaux actionnaires ont succédé à ses infortunés constructeurs ; mais cela ne fait rien, la route des voitures est si pittoresque, si bien encadrée de verdure et bordée d'oliviers, de mûriers, que les touristes la préfèreront longtemps encore au monotone chemin de fer qui suit tant qu'il peut l'interminable et fertile vallée arrosée par l'Ulfer-Tchaï.

*
* *

Nous voici au point culminant de la route, à 285 mètres d'altitude ; de là-haut, le regard embrasse tour à tour d'admirables panoramas. Au loin, en arrière, le golfe apparaît dans une échancrure de la montagne, tranquille et bleu comme le ciel, borné à l'extrême horizon par d'autres monts à demi-perdus dans la brume du soir ; en avant s'étale la plaine toute verte, garnie de riches moissons, égayée de loin en loin par un petit village, un bouquet de grands chênes au feuillage épais, quelques auberges aux façades décorées de peintures grossières ; sur la route même c'est un défilé de chars longs et massifs, rehaussés de couleurs criardes, traînés par d'énormes buffles noirs au pas lent, d'*arabas* légères aux formes antiques, ornées de clous de cuivre, attelées de chevaux rapides, remplies de femmes voilées aux robes éclatantes et de jeunes enfants aux frais visages qui se rendent sans doute aux bains de Brousse.

C'est d'ailleurs cette ville qu'on aperçoit tout là-bas dans la verdure, étagée sur les derniers contreforts du majestueux Olympe dont la masse grise et bleutée, maintenant que le soleil a disparu, se profile sur le ciel dégagé de nuages.

* * *

Nous voici dans le faubourg de Brousse, et il n'y a guère plus d'une heure trois quarts que nous avons quitté Moudania ; au loin, derrière nous, le sifflet de la locomotive vibre dans la vallée ; nos conducteurs, fiers de leur victoire maintenant assurée, sautent à bas de leurs sièges, nous regardent d'un air triomphant et, sans perdre de temps, se mettent en devoir de tirer les oreilles et de laver les naseaux de leurs chevaux qu'ils viennent d'arrêter pour leur laisser reprendre haleine.

Bientôt nous entrons en ville, mais dans une ville étrange, perdue dans le feuillage, aux rues poudreuses, sans pavage ni trottoirs, formée de maisons espacées, bâties les unes au-dessus des autres, sans ordre et sans alignement, dominée par une vieille forteresse et de grands bâtiments qui sont, paraît-il, des hôpitaux (1), des établissements de bains, des magnaneries, des ateliers de filage et de tissage ou des hôtels.

De loin en loin, l'œil découvre, au milieu des mûriers et des oliviers, des coupoles, des minarets, et le voyageur, renseigné par avance sur les merveilles architecturales qu'il aura à visiter dans cette grande cité de cent mille âmes, se demande s'il est bien arrivé à destination.

Quoi ! c'est là Brousse, l'antique capitale du roi Prusias, qui devint plus tard celle d'Orkhan, chef de l'empire ottoman ? En vérité, l'on se croirait plutôt dans un grand

(1) Le grand hôpital de Brousse est tenu par des religieuses françaises.

village aux ruelles étroites, bordées de chalets, parfois ombragées de treilles, aboutissant toutes sur la grande route qui le traverse.

Jamais pareille ville n'a pu abriter cent mille citoyens !

Nous n'y voyons encore ni cafés, ni boutiques, ni théâtre, ni lieux de réunion. Voici bien une brasserie allemande, mais elle est seule en son genre ; point de gaz, pas même de quinquets aux carrefours ; les gens obligés de sortir à la nuit tombée en sont réduits ici, nous dit notre guide, à se promener avec leur falot à la main pour se conformer aux règlements de police.

Ah ! pour le coup, nous sommes en pleine Turquie, ou je ne m'y connais pas ; mais qu'est devenu, mon Dieu ! *le vieux luxe asiatique?* Il se peut qu'il existe encore dans les intérieurs de Brousse, à coup sûr, il n'y court plus les rues ! Allons, un peu de patience, nous examinerons tout cela demain, car il se fait tard et le dîner doit être depuis longtemps sonné à l'*hôtel d'Anatolie.*

Notre hôtesse, Mme Brotte, une bonne et aimable Française fixée à Brousse depuis trente-huit ans, est là sur sa porte entourée de toute sa famille, visiblement heureuse de saluer des compatriotes et de leur faire les honneurs de sa maison (1).

Quelle jolie résidence forme son vaste hôtel sans prétention, propre et soigné comme un chalet suisse, aux salons spacieux, meublés avec goût, tendus de vieilles étoffes orientales, aux murs ornés de glaces, de faïences et d'estampes, aux tables multiples entourées de sièges élégants et chargées de bibelots, de journaux, qui rappellent la France, coquettement assis dans un jardin en terrasse, rafraîchi par des jets d'une eau limpide venue de la

(1) Les deux fils de Mme Brotte, nés à Brousse, sont revenus en France pour faire leur service militaire dans la cavalerie, et même l'un d'eux est encore sous les drapeaux, cela justifie l'épithète de bonne Française, point banale du tout, que je donne à notre hôtesse. — La famille Brotte, originaire de Valence, était venue se fixer à Brousse au temps de la prospérité de l'industrie de la soie. L'*hôtel d'Anatolie* était encore une usine de soierie en 1881.

En vertu du traité de Berlin, les hôtels tenus en Turquie par des Français et les maisons habitées par eux sont réputés : terre française. — La police turque est tenue d'en référer au consul français des délits commis dans ces établissements. Elle ne peut y faire de perquisition ni d'arrestation sans l'assistance de notre représentant national, sauf dans certains cas prévus, tel le flagrant délit d'homicide.

montagne, tout embaumé par des massifs de rosiers et de citronniers en fleurs et garni d'arbustes touffus, sous lesquels gazouille le rossignol.

Qu'il va faire bon reposer sur cette terre française, sous ce toit hospitalier où tout est disposé en vue de notre bien-être et comme nous allons dormir dans les chambrettes blanches et fraîches mises à notre disposition dans cette séduisante villa !

« Bonsoir, mon ami, bonsoir ! La nuit est faite pour dormir », comme dit la vieille chanson du pays. A cette heure, je parie volontiers que pas un de mes compagnons, heureux comme des dieux de trouver un pareil confort en pleine Anatolie, ne consentirait à changer son lit contre le trône d'une divinité de l'Olympe... de Bithynie !

VIIIe LETTRE

Brousse : ses mosquées, ses turbés, ses thermes.
Industries locales et bazars.
Le kiosque du sultan.
Retour à Constantinople.

Constantinople, le 21 mai 1895.

Mon Cher Ami,

Décidément, Brousse est bien une des villes les plus curieuses qu'il m'ait été donné de visiter au cours de mes voyages.

Sans doute, le Caire et Constantinople, pour ne parler que des cités de l'Orient, sont autrement considérables et imposants que Brousse, mais celle-ci est empreinte d'un cachet tout spécial ; il semble que ses constructeurs aient voulu résoudre par anticipation le problème du moderne et naïf hygiéniste Calino insistant pour « que les grandes villes fussent de préférence bâties à la campagne ! »

Pour se rendre un compte exact de l'effet singulier produit par cette étrange combinaison, il faut traverser une partie de la cité formée de maisons de bois inégales légèrement construites, aux fenêtres garnies de treillages serrés, passer devant des boutiques et des officines ouvertes à tous les vents et gagner la montagne en franchissant, sur un pont large et élevé, le ravin du Gueuk-Sou (1) encombré de rochers, de galets au milieu desquels le torrent rapide descendant de l'Olympe finit par se frayer un chemin, non sans mugir de colère et écumer contre les obstacles insurmontables qu'il rencontre à chaque instant.

N'allez pas croire que ce ravin sauvage et profond, à demi comblé par une verdure luxuriante et bordé, sur ses rives élevées, de misérables constructions, soit distant de la cité; bien au contraire, il en occupe le centre, le plein centre; il s'ouvre au pied de la citadelle, entre la belle mosquée d'Oulou-Djami, voisine

(1) « Gueuk-Sou » signifie littéralement : Eau céleste; nous retrouverons ce même nom aux eaux douces d'Asie.

du Konak (1), et les turbés d'Orkhan et d'Osman ; c'est ce précipice verdoyant qui sépare le quartier musulman du quartier arménien. En passant sur le pont dont je viens de parler, nous nous croyions brusquement transportés dans quelque modeste village des Pyrénées traversé par un gave, ou mieux encore au-dessus d'un ravin perdu des environs de Sorente ou d'Amalfi...

Bientôt, nous dûmes abandonner nos voitures, nous engager dans une route montante ravinée, sommairement entretenue, puis grimper comme des chèvres à travers des rochers dénudés, par des sentiers malaisés, encombrés de pierres roulantes, jusqu'au kiosque du Sultan bâti sur l'un des premiers contreforts de l'Olympe, tout auprès d'une source abondante et fraîche (2).

(1) Palais du gouverneur.

(2) Je passe sous silence la description de ce petit pavillon assez coquet, merveilleusement situé, mais décoré et meublé à la française. — C'est ainsi que nous avons remarqué, non sans étonnement, des animaux vivants (des canards) peints sur le plafond de la salle à manger. On sait que la représentation des êtres vivants en général est interdite par le Coran ; seuls les Persans, musulmans schismatiques, méconnaissent habituellement cette loi du Prophète.

Quelle vue nous eûmes de là-haut ! Nos yeux plongeaient dans une mer de verdure toute tachetée d'îlots formés de maisons aux toits d'un brun rougeâtre ; de ci, de là, hissaient du feuillage des coupoles surmontées du croissant de bronze, des minarets blancs coiffés de noir ; enfin par delà cette ville étrange, immense, accidentée, aux limites indécises, s'étendait la vallée plantureuse, inondée de soleil, fuyant jusqu'aux montagnes voisines du lac d'Iznik et du golfe de Moudania.

*
* *

D'où vient, me direz-vous, l'importance de Brousse ? A quoi faut-il attribuer la prospérité nouvelle et croissante de cette antique capitale délaissée par les sultans depuis la prise d'Andrinople (1) ?

Je vais essayer de répondre à vos questions.

(1) Brousse devint capitale de l'Empire ottoman en 1325, sous le règne d'Orkhan, fils et successeur d'Osman, fondateur de la dynastie des Osmanlis. Les sultans la délaissèrent pour Andrinople, prise par Mourad Ier en 1360. Cette seconde capitale fut à son tour abandonnée pour Constantinople en 1453, après la victoire définitive de Mohammed II, dit le Conquérant.

Brousse est depuis longtemps une ville essentiellement commerçante et industrielle. Ses bazars, moins grands sans doute que ceux de Constantinople, sont cependant très vastes et richement approvisionnés; de plus, elle comptait naguère encore quarante-cinq manufactures de soierie. Il est vrai de dire qu'une crise intense sévit sur ce genre d'industrie, si bien que dix au moins de ces vastes usines ont fermé leurs portes dans ces dernières années. La maladie des vers à soie, la concurrence étrangère, la guerre sino-japonaise, la découverte de la soie artificielle et mille autres causes ont amené ces ruineux changements dont les conséquences se font de plus en plus lourdement sentir à toute une catégorie de patrons et d'ouvrières grecques, juives, arméniennes et turques par eux employées à l'exclusion presque complète des hommes.

Mais la soie n'est pas le seul produit mis en œuvre dans ce pays; le coton, la laine et les divers textiles, comme le lin, le chanvre, la ramie, y sont également battus, cardés, filés, transformés en velours, en tapis de luxe, en tissus légers, en serviettes de bain brodées de soie et d'or, spécialités de la région, etc., etc.

6

Croiriez-vous qu'on estime à plus de 8,000 âmes la population ouvrière de Brousse? Cela devra vous surprendre si vous prenez la peine de remarquer que nous sommes en Asie Mineure, en pleine Turquie, c'est-à-dire au pays de l'indolence, de l'insouciance et de l'inactivité.

Au point de vue agricole, Brousse est merveilleusement favorisée de la nature. Les coteaux qui la dominent et l'entourent sont couverts de vignes productrices d'excellents vins blancs, la vallée qui s'étend à ses pieds est féconde en céréales, en fruits et légumes de toute sorte; une école d'agriculture vient d'être installée au cours de ces dernières années, à côté d'une des stations du chemin de fer, les plus proches de la ville. Si le système d'impôts appliqué en Turquie pouvait être modifié, l'Anatolie deviendrait un pays d'une admirable fécondité: à cette heure l'apathie native des paysans se complique de la crainte d'avoir à payer d'autant plus d'impôts qu'ils feront plus d'efforts pour récolter abondamment; ils cherchent seulement à produire ce qui est indispensable pour assurer leur propre subsistance, et celle de leur famille.

Mais ce n'est pas tout : l'industrielle et verdoyante Brousse est encore une ville d'eaux, une ville d'étrangers, une cité sainte.

Les malades viennent pendant deux mois environ, au printemps et à l'automne, chercher un soulagement à leurs douleurs dans les vieux bains de *Tchékirgué*, alimentés par sept sources thermales sulfureuses et ferrugineuses qui, par un caprice de la nature, sortent fumantes et bouillonnantes (1) des flancs de l'Olympe aux cimes couvertes de neige (2).

Les touristes, les savants, les artistes, les architectes viennent y admirer ou étudier les monuments splendides élevés aux XIVe et XVe siècles par les plus fastueux sultans, telle :

(1) La température des sources sulfureuses de Brousse est de 80° centigrades, et les sources ferrugineuses accusent 45 degrés au même thermomètre. Elles comptent au nombre des plus chaudes du monde entier.

(2) Les *névés* de l'Olympe sont exclusivement exploités par « les princes de la neige », montagnards auxquels un sultan aurait, fort anciennement, accordé, dit-on, le privilège de trafiquer de ce produit naturel qui remplace, à Brousse, la glace à rafraîchir, attendu qu'il n'existe pas de *glaciers* sur l'Olympe de Bithynie. Cette neige est vendue à raison de 0 fr. 10 c. le kilog. environ.

Yéchil-Djami, plus connue sous le nom de *Mosquée verte*, aux portiques de marbre ornés de sculptures qui rivalisent avec celles de l'Alhambra de Grenade et intérieurement revêtue d'inimitables faïences vertes aux tons chauds et harmonieux, rehaussées d'élégants dessins d'or ; telles encore les mosquées de Bajazid, de Mourad, les *turbés* de Méhemed Ier, des princes Moustafa et Mahmoud, fils de Bajazid, et celui du prince Djem, fils de Méhemed II, etc., etc.

Ce ne sont partout, dans ces édifices ornés comme les palais des *Mille et une nuits*, que faïences persanes décorées de fleurs variées de formes et de couleurs, arabesques compliquées, inscriptions ornementales, rosaces de marbre blanc, tracées avec un art irréprochable et découpées à jour, colonnes, verrières étincelantes, members (1), fontaines, mihrabs (2), mastabahs (3), maksouras (4), aux

(1) Chaire à prêcher munie d'un abat-voix en forme de clocheton et d'un escalier rapide.

(2) Niche orientée vers la Mecque, véritable sanctuaire des mosquées.

(3) Tribunes isolées réservées aux membres du clergé : cheiks et imams.

(4) Tribune réservée au sultan.

ciselures fines et délicates, coupoles aux stalactites de terre émaillée disposées en éventail aux retombées des voûtes, tapis de prière épais, chamarrés de dessins variés à l'infini et d'un coloris sans rival.

Comment voudriez-vous, cher ami, que je puisse vous décrire un par un, en quelques lignes, ces monuments splendides, toujours majestueux en dépit des outrages qu'ils ont eu à subir au cours des siècles de la part du temps, des éléments et des hommes tacitement conjurés pour assurer leur perte définitive?

Le feu, les tremblements de terre, la guerre sauvage, l'ignorance, la rapacité humaine ont tour à tour éprouvé ces témoins d'un glorieux passé qui s'obstinent à proclamer la puissance de leurs maîtres et continuent d'abriter leurs restes vénérés des fils du Prophète (1).

(1) Les turbés (ou monuments funéraires) d'Osman, fondateur de la dynastie des Osmanlis et d'Orkhan, son fils, détruits par les tremblements de terre, ont été réédifiés par les soins du sultan Abd-ul-Aziz, mort en 1876. — Brousse a été ravagée au cours des invasions de Tamerlan et de Caraman (XVe siècle), brûlée en 1801, éprouvée par les tremblements de terre, notamment en 1855. — Les faïences de ses mosquées ont

*
* *

Ce n'est pas tout encore, j'ai dit que Brousse était une *cité sainte;* comment pourrait-il en être autrement? Ses turbés somptueux, ses vastes et antiques mosquées, en font comme le Saint-Denis des Osmanlis ; autour de ces édifices se pressent les fanatiques musulmans qui constituent les quatre cinquièmes de la population. C'est ici qu'Abd-el-Kader résida de 1852 à 1855; c'est dans cette ville que, depuis la guerre de 1877-1878, sont venus se fixer en masse les « vrais croyants » de Bulgarie, les Tcherkesses des provinces du Caucase cédées à la Russie, moralement obligés d'abandonner la chrétienne Europe et de rentrer en Asie, patrie du Prophète, tombeau des chefs les plus respectés de leur religion.

L'émigration dont je parle a été si importante que la population de Brousse a triplé depuis la guerre des Balkans!

été arrachées et volées par des *barbares*..... trop civilisés, désireux d'emporter des échantillons de ces merveilleuses productions artistiques d'un prix inestimable.

Enfin, si vous pouvez quelque jour pénétrer comme nous dans l'Oulou-Djami, la grande mosquée aux vingt coupoles, vous vous rendrez un compte exact de l'importance de Brousse au point de vue religieux.

Nous avons vu dans cette vaste enceinte aux murs blancs, ornés de versets du Coran, peints en grandes lettres noires, des centaines de *Softas* et de *Mollas* (1), pieusement déchaussés et coiffés du turban blanc, accroupis sur des nattes autour des *cheïks* penchés sur leurs pupitres ornés d'ivoire et de nacre, absorbés dans l'explication des *sourates* (2) du Livre composé par le Prophète.

Nous y avons vu l'étendard vert appendu comme à Sainte-Sophie au sommet de l'escalier du member, drapeau sacré, derrière lequel doivent marcher tous les fidèles, sans distinction d'âge ni de sexe, lorsqu'il est levé par ordre du Calife, chef suprême de la religion.

Vous y entendrez sans doute de jeunes enfants de huit à dix ans, assis sur le sol, dans l'épaisseur des fenêtres basses, réciter à

(1) Étudiants divers et étudiants en théologie.
(2) Chapitres.

haute voix en se balançant et en fermant les yeux, les versets du Coran, qu'ils s'efforcent d'incruster pour jamais dans leur mémoire.

Vous y verrez comme nous l'avons vu nous-mêmes à la Suleymanieh de Stamboul des hommes de toutes conditions venir en troupe nombreuse, à l'appel du *muezzin*, se prosterner, sans le moindre respect humain, devant le mihrab et répondre aux prières faites par les *imams* (1).

Il faut voir avec quelle conviction ces hommes purifiés par des ablutions préalables, rangés coude à coude, debout, les pieds joints, les mains élevées à la hauteur des oreilles, répondent en chœur aux : « *Allah Akbar ! Allah Akbar !* » de leur prêtre, ou se prosternent tous ensemble avec lui, avec quelle componction ils écoutent sa prière consacrée : « *Au nom de la miséricorde divine, gloire à Dieu, le créateur, le miséricordieux, le*

(1) Prêtres chargés de faire la prière. Le *muezzin*, lui, a pour mission spéciale de monter quatre fois par jour au *chérifè* ou galerie extérieure du minaret, dans le but d'appeler de là-haut, d'une voix chevrotante et nasillarde, le peuple à la prière.

juge suprême. Nous te prions et te supplions de nous guider dans tes voies. Conduis-nous jusqu'au bout de la route dans ta miséricorde infinie. Détourne de nous ta colère et ne nous rejette pas loin de toi. — Ainsi soit-il ! Ainsi soit-il !

Quand cette prière est achevée, l'*imam* récite quelques sourates du Coran, puis il invite les fidèles à adresser secrètement à Dieu leurs demandes particulières.

Alors, sous les coupoles tout à l'heure vibrantes, un grand silence se fait, et les fidèles restent abîmés dans une adoration muette, étendus sur les longs tapis qui couvrent le dallage de la mosquée ; au bout de quelques instants, les prosternations recommencent, multiples et profondes, puis la foule, satisfaite d'avoir rempli son devoir, s'écoule lentement au dehors.

*
* *

En voyant ces choses, habituelles en pays musulman, cher ami, vous l'avouerai-je, nous avons presque rougi de l'indifférence grandissante des chrétiens de France, serviteurs-nés du Christ et non pas seulement adeptes fanatiques du Prophète.

Quel dommage pour un peuple de se priver de gaîté de cœur de cette force irrésistible que donne une foi commune en toute circonstance et plus particulièrement aux heures de péril national !

Pardonnez-moi cette courte réflexion philosophico-religieuse, je n'en ai point abusé au cours de mes lettres ; de plus, ne vous semble-t-elle pas à sa place à la fin de cette rapide étude sur Brousse *la cité sainte* des Osmanlis ?

*
* *

Et maintenant, au revoir ! Demain, nous allons reprendre nos voitures, retourner à Moudania, monter à bord du « *Pégase* » qui nous attend à quai, et recommencer sans regret notre entrée dans la Corne-d'Or ; le spectacle qui nous attend là-bas, entre le vieux Séraï et Scutari, n'est-il pas de ceux auxquels on assisterait dix fois sans être jamais blasé ni fatigué ?

Et puis, aujourd'hui, les nuages sont bas, la brume couvre la mer ; après avoir à loisir contemplé l'autre soir l'antique Byzance, resplendissante dans les feux du soleil couchant, nous allons sans doute la retrouver couverte de son voile gris, triste comme une reine en deuil, dépouillée de sa robe d'or et de ses parures étincelantes (1) !...

En attendant, reçois, ô vieille terre d'Asie, nos derniers adieux !.....

(1) Au printemps, la température est excessivement variable à Constantinople. Ainsi, cette année, le 14 mai, tout le monde y portait encore des vêtements d'hiver. et le thermomètre ne marquait que + 9° ou 10° centigrades ; quatre jours plus tard, le ciel était dégagé et le même thermomètre accusait suivant les heures + 22°, + 30° ; le 22 mai la chaleur était suffocante (36° ou 37° centigrades) ; le 16 mai, au soir, nous avons eu de la pluie pour débarquer à la Corne-d'Or, mais le mauvais temps a été de très courte durée. Je note avec soin ces détails précis dans le but de renseigner les touristes qui pourraient se faire quelque illusion sur « *l'éternel printemps de l'Orient* », chanté par les poètes, et composer leur valise d'après les données fantaisistes des fervents disciples d'Apollon.

IXE LETTRE

Un vendredi à Constantinople. — Le Sélamlik. Deux incidents énigmatiques.

A Monsieur Domet, *à Orléans.*

Constantinople, le 22 mai 1895.

La journée du vendredi 17 mai dernier se classera certainement dans ma mémoire et, probablement aussi, dans celle de mes compagnons de voyage, comme l'une des plus intéressantes et des mieux remplies qu'un voyageur puisse rêver. Jugez vous-même de son programme !

Après une matinée agréablement occupée par une promenade en voiture faite à travers les rues, les ruelles, les carrefours de Péra et de Galata, coupée par des arrêts dans les monuments et boutiques remarqués en passant, nous prîmes rapidement notre déjeuner afin de filer sans délai dans la direction d'Yildiz-Kiosk (1), sis au nord-est de Péra, presque dans la campagne, au sommet des hauteurs d'Orta-Keuï qui s'étagent à partir de la rive européenne du Bosphore.

C'est là que s'élève, au-dessus de Tcheragan-Seraï, le palais de marbre récemment construit par le sultan Abd-ul-Hamid II, résidence habituelle de Sa Hautesse.

Ce n'est pas pour visiter ce palais impérial que nos landaus nous emportèrent au trot rapide des chevaux, au milieu des voitures de louage alignées en longues files, des équipages somptueux, des modestes piétons, des cavaliers élégants, à travers les rues ensoleillées, pleines de curieux et de détachements de troupe en grande tenue marchant à la cadence allemande, drapeaux levés, au son des fanfares, car cette demeure « de l'ombre de Dieu sur la terre » n'est pas accessible aux visiteurs, mais bien pour nous permettre d'assister à la cérémonie hebdomadaire du Sélamlik dont je vais vous parler dans un instant.

Vers deux heures de l'après-midi, *nos fou-*

(1) Traduction : Kiosque de l'Étoile.

gueux coursiers, comme dirait un poète classique, nous ramenèrent aux grandes allures jusqu'au centre de Péra et, pour mieux préciser, à la porte du *tékké* (couvent) des *derviches tourneurs*. Là, nous pûmes assister à l'étrange séance que ces moines musulmans voulurent bien donner aux nombreux étrangers accourus pour les voir danser leur interminable valse sacrée.

Cette seconde cérémonie étant à son tour achevée, nous partîmes sans perdre un instant pour les Eaux-Douces d'Europe, avec la certitude d'y rencontrer le Tout-Constantinople « *faisant son persil* », selon l'expression familière aux Parisiens fin-de-siècle.

*
* *

— « Mais, me direz-vous, à quoi bon cette frénésie, cette vie à toute vapeur, ce surmenage, pour arriver à voir tant de choses en un même jour ?...

— Pardonnez-moi de couper court d'un mot à vos questions, votre étonnement va cesser. Il faut que vous sachiez que ce jour du *vendredi*, sacré pour les musulmans, remplace chez les Turcs le dimanche des chrétiens.

Ce jour-là, le Sultan est tenu, à titre de Calife, de se rendre à la mosquée de son choix pour y faire la prière officielle. Le vendredi, les derviches tourneurs se livrent, dans un but de sanctification, à leurs pratiques étranges, mais religieuses ; enfin, c'est encore ce jour-là que la population musulmane, désireuse de goûter les charmes d'un repos plus complet, s'offre des parties de campagne.

Le samedi, ce sera le tour des quarante mille juifs espagnols logés dans le misérable quartier de Balata, dont les maisons noires, humides, hors d'aplomb sur leurs pilotis inégaux, émergent littéralement des eaux de la Corne-d'Or (1).

(1) Les juifs, chassés d'Espagne sous le règne de Charles-Quint, sont venus se fixer en Turquie. Leur nombre est plus proche de 50.000 que de 40.000, m'assure-t-on, à Constantinople. En dehors du quartier de Balata, ils affectionnent la rive gauche de la Corne d'Or, les environs de Kalidje-Oglou et de Piri-pacha, peu distants de leur grand cimetière, sans verdure ni monuments élevés, établi par delà le plateau de l'Ok-Meïdan. Chose digne de remarque, cette colonie importante a conservé l'usage de la langue espagnole. Ses membres sont astucieux, intelligents, débrouillards, polyglottes, habiles au commerce ; ils ont des comptoirs nombreux dans le bazar, et commencent à apprendre des métiers manuels. Un de leurs richis-

Le dimanche, enfin, les Grecs du Phanar (1) et les Latins de Péra seront en fête à leur tour.

Si bien qu'à vrai dire, pendant la moitié de la semaine, Constantinople est en liesse!

Mais, vous le voyez, le vendredi est par excellence le jour propre à l'étude des mœurs publiques et des coutumes religieuses des Turcs.

Vous comprendrez sans peine que j'éprouve le besoin de procéder avec méthode, pour m'y retrouver dans toutes les descriptions intéressantes que j'ai à vous faire. Je commencerai donc logiquement par la cérémonie du Sélam-

simes coréligionnaires, M. Camondo, je crois, a fondé ici-même en leur faveur une école d'arts et métiers. L'Alliance juive fait énormément pour le développement de leur instruction; elle a notamment organisé des écoles où l'on enseigne presque toutes les langues usuelles européennes ou orientales; aussi nombre d'interprètes et de drogmans sont-ils de race juive. Par eux, les étrangers sont sûrement conduits de préférence et à leur insu dans les comptoirs juifs.

(1) Le Phanar est le quartier grec par excellence, mais nombre de Grecs habitent aussi le quartier de Péra. Le 1er mai (du calendrier grec, le 13 mai de notre calendrier), les Grecs enguirlandent extérieurement leurs maisons de fleurs et de feuillage en signe de réjouissance pour fêter le retour du printemps; nous avons donc pu distinguer, grâce à ces marques extérieures, les maisons qu'ils habitent dans la ville.

lik qui occupe la matinée du vendredi et constitue la partie religieuse de la fête ; telle dans les pays catholiques la messe officielle à laquelle assiste le chef de l'État entouré de ses ministres et des dignitaires de la couronne.

LE SÉLAMLIK

Nous voici arrivés en voiture jusqu'en face de la mosquée dite *Hamidié* (1), située au sommet de la colline d'Orta-Keuï et construite dans ces dernières années par le sultan Abd-ul-Hamid II, présentement régnant.

L'édifice se dresse superbe au milieu d'un square verdoyant ; il est plein d'élégance, resplendissant de blancheur, percé de grandes baies ogivales, surmonté d'une coupole ajourée, entourée de galeries gracieusement découpées et couronnée d'un grand épi de bronze ouvragé, servant de hampe à un croissant. A droite de la façade principale surgit, pareil à une haute colonne cannelée, un svelte minaret orné d'un *chérifé* (2) décoré de sculptures et de pendentifs.

(1) Du nom de son fondateur.

(2) J'ai déjà dit que ce *chérifé* était un balcon ou mieux une galerie annulaire disposée en encorbellement à la partie supérieure des minarets.

Des grilles d'un joli dessin, surmontées de loin en loin de grosses lanternes rondes, entourent le jardin vallonné qui règne autour de la mosquée.

De l'issue principale ménagée dans cette clôture, en face de l'entrée de l'édifice, part une large avenue montante qui accède en tournant à la porte monumentale du palais d'Yildiz-Kiosk. C'est par cette voie triomphale, longue seulement de deux ou trois cents mètres, que le cortège impérial défilera dans quelques instants.

Tout à côté du palais, en face de la mosquée, sur le bord même de cette avenue, s'élève un petit pavillon sans style, précédé d'une terrasse ombragée par deux grands arbres, et dépourvue de balustrade. Ce pavillon est spécialement réservé aux ambassadeurs des diverses puissances, aux personnages de distinction de passage à Constantinople invités à assister au Sélamlik ; les honneurs en sont faits par un maître des cérémonies détaché du palais. Sous le couvert de leurs représentants nationaux et sur la présentation d'une carte signée d'eux, les touristes étrangers sont exceptionnellement admis à y pénétrer ; toutefois les drogmans qui les ont accompagnés en ce lieu sont tenus, depuis quelques semaines seulement et en vertu d'une ordonnance de haute police, d'évacuer la place aussitôt que les troupes destinées à faire le service d'ordre commencent à former la haie (1).

*
* *

Vers onze heures, ces troupes débouchèrent par différentes artères aboutissant toutes au-dessous de la mosquée *Hamidié*. Elles arrivaient, musique en tête, de leurs casernements. Bientôt toutes les armes se trouvèrent représentées autour de l'édifice. Les *Saryqly-Zouhafs* (2), gardes du palais, les fantassins coiffés du fez, les lanciers, les artilleurs, les marins eux-mêmes, vêtus de noir, coiffés de

(1) On trouvera plus loin l'explication de cette défense récente, prise à la suite d'un attentat commis par un drogman grec.

(2) Les *Saryqly-Zouhafs* ou zouaves à turbans verts, diffèrent des *festi-zouhafs* ou zouaves à fez. Les premiers constituent la garde impériale du sultan. Ce sont des troupes d'élite, parfaitement tenues et choyées, car le sultan tient à s'assurer leur dévoûment absolu.

rouge et munis de cols bleus rabattus, tenant en main le sabre d'abordage, divisés par compagnies et sections, commandés par leurs officiers en grande tenue, passèrent sous nos yeux pour se rendre dans les allées tournantes et ombragées qui séparent les murs du parc d'Yildiz-Kiosk du square dont j'ai parlé ci-dessus.

Chaque arme, après avoir correctement défilé au son des clairons ou des trompettes, fit les évolutions nécessaires pour occuper le poste qui lui était assigné. La cavalerie mit pied à terre et s'aligna au bas de la colline comme pour couper les communications avec la ville à laquelle elle était adossée. L'infanterie gravit la pente qui mène au palais et bientôt une double haie se trouva formée à droite et à gauche de ce que j'ai dénommé la voie triomphale.

A partir de ce moment, la circulation fut interdite aux piétons et aux voitures. Les nombreux équipages et les véhicules de toute sorte qui avaient amené les visiteurs se trouvaient par avance rangés à l'ombre, dans des rues adjacentes et surveillés par des agents de police, chargés du service d'ordre.

Bientôt survinrent des manœuvres vêtus de bure, armés de pelles et traînant péniblement de petites voitures, chargées d'un beau sable jaune, qu'ils étendirent à la volée sur la chaussée, puis ce fut le tour des arroseurs de répandre sur le sol brûlant une pluie rafraîchissante ; des cantiniers sans armes, porteurs d'outres remplies d'eau fraîche, donnèrent à boire aux troupiers, que la soif tourmentait ; enfin, des hommes de corvée, vêtus comme ceux dont je viens de parler et ne semblant pas appartenir à l'armée, passèrent devant les soldats alignés, brossèrent leurs vêtements et nettoyèrent, à l'aide de chiffons, leurs chaussures couvertes de poussière, sans que ceux-ci parussent prêter grande attention aux détails de leur propre toilette. On eût dit que ces valets époussetaient les mannequins d'une salle d'armes !...

Cependant, tous les hauts dignitaires de l'Empire avaient fait à pied et en grande tenue leur entrée au palais, suivis de serviteurs ou d'ordonnances portant dans des valises leurs insignes, leurs manteaux, leurs épaulettes, leur fez de parade, etc., etc. Les jeunes fils de pachas, revêtus de l'uniforme des divers régiments, sans doute appelés à remplir au palais l'office d'*itchoglans* (1), avaient militairement défilé un à un sous nos yeux, reçu les honneurs du poste de garde et gravement rendu le salut militaire, comme des officiers vieillis dans le métier. En un mot, tout était prêt pour la cérémonie du Sélamlick.

A cinq heures précises à la turque (midi à la franque), un muezzin du plus beau noir apparut au chérifé de marbre blanc du minaret de l'Hamidié ; d'une voix nasillarde et bêlante, il commença son appel à la prière en faisant face tout d'abord à l'entrée de la résidence impériale :

« *La ilah il Allah vè Mohammed resoul Allah !* »

« Il n'y a de Dieu que Dieu et Mahomet est le prophète de Dieu. »

A l'instant même, le défilé solennel commença ; au commandement de leurs chefs, les hommes présentèrent les armes et devinrent immobiles comme des statues.

Un officier de service passa rapidement dans les rangs des étrangers massés sur la terrasse

(1) Ou de *pages*.

où nous étions nous-mêmes, pria poliment les dames de fermer leurs ombrelles, les hommes de remettre leurs jumelles dans leurs étuis et recommanda à tous ceux qui étaient là de rester silencieux, de s'abstenir avec le plus grand soin de braquer aucun appareil de photographie sur le cortége impérial.

Alors, nous vîmes successivement sortir du palais le Grand eunuque noir, un octogénaire corpulent, de haute taille, imberbe, ridé, vêtu de noir, entouré de sa suite, puis le prince héritier, suivi des dignitaires du palais, des chambellans couverts de dorures, puis le grand état-major formant un vrai peloton d'officiers supérieurs aux costumes riches et variés, chamarrés de décorations, marchant sur plusieurs lignes, à pied et en silence ; puis les vizirs, sans doute, et une foule d'autres personnages que je ne saurais nommer, pour la raison que notre drogman, seul capable de nous expliquer ce tableau mouvant, avait été, comme je l'ai dit, séparé de nous.

Au grand soleil d'Orient qui, du fond du ciel bleu, dardait ses rayons sur les hommes et les choses, ce spectacle était vraiment imposant.

« ... Mais ce n'était pas encore le sultan ! »

grommelait entre ses dents mon compagnon de voyage, un avocat doué d'une mémoire prodigieuse, et qui, dans ce moment solennel, se récitait à lui-même une savante description du Sélamlik des anciens temps (1) faite par quelque littérateur de la vieille école et à chaque groupe qui passait, j'entendais derrière moi cet excellent voisin émerveillé, dressé sur la pointe des pieds, le cou tendu, le nez au vent, le binocle aux yeux, répéter comme un refrain, lentement, d'une voix basse et grave sa fameuse citation : « ... Mais ce n'était pas encore le sultan !... »

*
* *

Enfin, la voiture impériale parut, attelée de

(1) « Le moderne Sélamlik n'est plus qu'un pâle reflet des splendeurs du vieux Sélamlik des fastueux sultans prédécesseurs d'Abd-ul-Hamid, à l'apogée de leur puissance et de leur fortune », m'écrivait mon compagnon depuis que cette lettre a passé sous ses yeux. « Je ne sais, ajoutait-il, à quel auteur attribuer la très intéressante description dont vous parlez, mais, à coup sûr, elle n'est ni d'Edmond About ni de Théophile Gautier. La phrase que vous m'avez entendu répéter au Sélamlik revenait après chaque alinéa. Je la relirais avec un plaisir infini. »

(Lettre du 30 juin 1895.)

magnifiques chevaux noirs, conduits par des cochers ruisselants d'or, précédée de cawas éblouissants richement armés, environnée de valets de pied albanais galonnés sur toutes les coutures.

Abd-ul-Hamid était seul assis dans le fond de son landau ; Sa Hautesse était vêtue d'une stambouline (1), coiffée du fez, et ne portait ni insigne, ni décoration. Le Sultan nous parut avoir le physique d'un homme de cinquante à soixante ans, à la barbe grisonnante, au regard intelligent et bon.

En face de lui siégeait un haut dignitaire de l'empire vêtu d'un costume de gala, les deux mains appuyées sur la poignée de son sabre recourbé.

Au moment où la voiture impériale passa devant le kiosque des ambassadeurs, le Sultan daigna s'incliner gracieusement et sourire aux étrangers accourus en grand nombre pour le voir.

Nous répondîmes tous par un salut respec-

(1) Redingote noire, boutonnée jusqu'au col, qui constitue avec le fez sans turban le nouveau costume national décrété par le sultan Mahmoud II au commencement de ce siècle.

tueux à cette marque de bienveillance, mais le silence le plus absolu fut observé, conformément à la consigne qui nous avait été donnée.

A ce moment même, se produisirent deux incidents que je vous raconterai lorsque j'aurai fini ma description commencée.

Derrière la voiture impériale marchaient encore d'autres grands dignitaires du palais, porteurs, m'a-t-on affirmé, de sacs remplis d'or, ainsi que l'exige le cérémonial de la Sublime-Porte.

Après eux, s'avançaient lentement trois somptueux coupés attelés chacun de deux chevaux et occupés par six des dames du *harem*, revêtues de toilettes roses et blanches, aux visages recouverts d'un long voile de gaze.

Enfin, nous vîmes tour à tour défiler des chevaux de selle richement caparaçonnés, et une victoria, enveloppée d'une toile sombre, traînée par deux admirables chevaux blancs à la noble encolure, tenus en mains par des valets de pied et impatients de prendre une allure plus rapide que celle à laquelle ils étaient condamnés.

On nous dit que ces chevaux et cette voiture étaient destinés à Sa Hautesse, Abd-ul-Hamid se réservant le soin de décider, au dernier moment, à la sortie de la mosquée, par quel chemin et dans quel apparat il lui plaira de rentrer à son palais.

Tout le cortège pénétra dans le square au milieu duquel s'élève l'*Hamidié*. Le Sultan mit pied à terre ; les voitures furent aussitôt rangées derrière le monument et les chevaux dételés, attachés à l'ombre des arbres.

Enfin, le Sultan, suivi de quatre de ses fils et de tout son entourage, pénétra dans le vestibule de la mosquée où il fut reçu par le cheik, grand-aumônier de la Cour.

La cérémonie religieuse dura vingt minutes environ. Au bout de ce temps, Sa Hautesse sortit de l'édifice sacré, fit avancer sa victoria, y prit place sans plus tarder, et remonta vers Yildiz-Kiosk, au petit trot de ses deux chevaux qu'elle semblait prendre plaisir à maitriser.

Les ventripotents dignitaires de la cour, rangés en demi-cercle derrière la voiture impériale, remontèrent, eux aussi, la côte au pas gymnastique, mais cet exercice violent nous parut leur procurer un médiocre agrément.

Bientôt les grandes portes du palais se refermèrent derrière le cortège réduit à sa plus simple expression, les troupes reprirent leur formation de marche et leur dislocation commença au son des fanfares qui jouaient l'air favori du Sultan.

Alors commença le tohu-bohu final, les appels, les cris s'élevèrent de toutes parts et la bousculade battit son plein. Chacun s'évertuait à retrouver ses amis, son drogman et sa voiture, à faire sortir celle-ci des rangs dans le but de regagner au plus tôt le centre de la cité afin d'aller à ses occupations ou à ses plaisirs.

« Cette fois, enfin... nous avions vu le Sultan... dans la pompe du Sélamlik! » Nous n'avions plus qu'à nous retirer « gais et contents » et à filer sans délai chez les derviches tourneurs dont la pieuse cérémonie devait commencer à sept heures et demie précises, à la turque (deux heures et demie de l'après-midi, à la franque), au tekké de Péra, c'est-à-dire à l'autre bout de Constantinople.

« Enfin ! nous avions vu le Sultan !... »

*
* *

Je vous ai promis de vous raconter deux incidents énigmatiques qui se sont produits simultanément au cours de la cérémonie du Sélamlik.

Désireux de dégager ma parole, je vais vous faire rapidement ce récit que vous ne trouverez, soyez-en sûr, dans aucun des journaux imprimés ce jour-là à Constantinople. Quand des faits étranges comme ceux-ci se produisent en Turquie, la police prend soin d'empêcher la presse de les divulguer.

Au moment précis du passage de la voiture impériale devant le kiosque des ambassadeurs, un des zouaves à turban vert alignés immédiatement au-dessous de nous poussa un grand cri qui fut entendu à la ronde. Sans cesser de présenter son arme de la main gauche, sans abandonner la position réglementaire, le zouave éleva la main droite à hauteur de son visage et brandit une pétition écrite sur un papier blanc plié en quatre. A peine ce cri unique était-il proféré qu'un officier bondit comme un tigre sur le coupable et sans mot dire, mais en lui lançant un regard féroce qui tenait lieu de discours, saisit pour ainsi dire au vol le papier présenté. Le fataliste troupier ramena sans la moindre émotion sa main droite à la sous-garde de son fusil et demeura aussi impassible que s'il venait d'exécuter une manœuvre réglementaire.

Le cortège passa ; au commandement de leurs chefs, les hommes mirent l'arme au pied et prirent la position du soldat au repos. Alors les officiers de la compagnie vinrent interroger avec calme leur subordonné oublieux de la discipline et celui-ci leur répondit brièvement sans qu'un seul muscle de son visage trahît son émotion. Il semblait dire : « J'ai agi selon ma conscience, j'ai voulu faire appel direct au Sultan de l'injustice dont je suis la victime ; advienne que pourra ! mon sort n'est-il pas écrit, à quoi bon me troubler et me défendre ? » Autour de lui, ses camarades stupéfaits le regardaient avec terreur et compassion ; évidemment, ils se demandaient quelle punition exemplaire ce pauvre insensé allait encourir pour une telle incartade commise à pareil jour, en un tel lieu.

Pour moi, j'interrogeai vainement quelques compatriotes placés derrière nous et dont la conversation me donnait à penser qu'ils étaient fixés de longue date à Constantinople, mais ils ne surent quelle explication plausible me fournir du fait dont nous venions d'être les témoins.

* * *

D'ailleurs, je n'eus pas le loisir de les questionner longuement; en effet, à peine le zouave avait-il jeté son grand cri, que des vociférations se firent entendre derrière nous, cette fois, sur la terrasse, à quelques mètres de la porte d'entrée du pavillon des ambassadeurs. Nous nous retournâmes précipitamment, croyant à quelque attentat contre la personne du Sultan.

En cet instant, nous vîmes et entendîmes un jeune homme de dix-sept à dix-huit ans, grand, mince, imberbe, blond, pâle comme un mort, qui se traînait à genoux sur le sol, tandis qu'un officier de cavalerie, coiffé d'une toque de fourrure, portant des aiguillettes d'or sur son dolman, lui serrait le poignet droit avec violence ; près d'eux, une femme de quarante à quarante-cinq ans, belle encore, assez forte, très élégamment mise à l'européenne, poudrée, maquillée, aux cheveux teints en blond vénitien, s'agitait et protestait hautement en français ; elle semblait faire cause commune avec le jeune garçon, mais personne ne portait la main sur elle.

« Il faut que justice soit faite ! hurlait dans notre langue, mais avec un accent étranger, le jeune homme blond. Voyez comme il me serre !... Justice, justice !... Voyez, je me mets à genoux... Non, ma mère ne me quittera pas !... elle me suivra, entendez-vous ? »

Cependant l'officier rendit une liberté relative à celui qu'il avait si rudement empoigné à tout hasard sans doute ; d'autres agents vinrent à son aide, cernèrent les deux personnages, les poussèrent rapidement dans le pavillon des ambassadeurs et ce « *remisage* » fut exécuté si vite, si habilement, qu'ils disparurent avant que nous fussions revenus de notre surprise ; quant au Sultan, il n'avait pas même dû percevoir ces cris, un peu tardivement poussés et d'ailleurs aussitôt étouffés.

*
* *

Lorsque le calme fut rétabli, j'allai aux informations ; c'était le moment où Sa Hautesse était entrée dans la mosquée, nous pouvions désormais parler à haute voix, aller, venir, questionner les témoins de l'incident qui s'était produit derrière nous... Mais personne ne savait que penser de cette scène scandaleuse. Les plus malins disaient : « C'est un jeune Grec, accompagné de sa mère qui a voulu photographier le Sultan en dépit des règlements de police. » — « Mais non, c'est un fou, disaient les mieux avisés, ceux qui étaient sans doute dans la *note officielle* !... On va l'interner et la farce sera jouée... Ces choses-là arrivent constamment. Un drogman grec n'a-t-il pas essayé, il y a quelques semaines à peine, d'attenter, de ce lieu même, à la vie du Sultan, à l'aide d'un revolver ? Lui aussi était en état de démence. Ne craignez rien... les précautions sont prises et la police a l'œil ouvert ! »

Bref, toujours séparés de notre interprète, livrés à nous-mêmes, perdus au milieu de ces gens inconnus, de nationalités diverses, incapables de répondre, peut-être même payés pour se taire, nous dûmes quitter la place sans pouvoir obtenir aucun renseignement précis.

Comptez sur moi, cependant, pour éclaircir ce mystère ; je vous assure que si je n'arrive pas à en trouver la clef avant de passer la frontière, c'est que décidément, elle sera soigneusement cachée !

Post-Scriptum. — Depuis que ces faits étranges se sont produits, j'ai mené mon enquête ; la chose n'a pas été facile, vous pouvez m'en croire, mais le hasard m'a merveilleusement servi.

En effet, c'est en pleine Autriche que j'ai obtenu la solution du problème en question. Un personnage *très bien informé*, récemment arrivé de Constantinople à Vienne, me donna le mot de cette énigme vainement cherchée en Turquie.

A l'une des cérémonies du Sélamlik, qui suivirent celle du 17 mai et, pour mieux préciser, le 23 ou le 31 du même mois, une scène analogue à celle que je viens de décrire se produisit de nouveau. Voici, en deux mots, quelle serait la cause assez romanesque de ces singuliers incidents.

Un certain pacha, belge de naissance, fixé depuis longtemps à Constantinople, devenu musulman par ambition, aurait successivement épousé puis répudié sept ou huit femmes de toutes nationalités, dont deux Belges et une Française divorcée, si je ne m'abuse. — Aux termes de la loi turque, ce pacha devait au moins leur dot à celles qu'il avait abandonnées, et il la leur refusait sous prétexte qu'elles l'avaient quitté de leur plein gré. De là, grande colère de la part d'un de ses fils et d'une de ses femmes étrangers l'un à l'autre, qui unissaient leurs efforts pour arriver à se faire rendre justice par le Sultan. Mais, il est malaisé, paraît-il, d'arriver jusqu'à Sa Hautesse, tant les abords de son divan sont soigneusement gardés par les dignitaires du palais intéressés à l'isoler.

Il s'agissait donc de trouver le moyen d'attirer quand même l'attention d'Abd-ul-Hamid, et c'est par des clameurs poussées dans le grand silence du Sélamlick au moment du passage de la voiture impériale, que les conjurés avaient espéré atteindre leur but.

Je ne saurais dire si les plaignants sont arrivés à leurs fins, mais on m'affirme que, moins heureux, moins libre et moins puissant qu'eux, le pauvre zouave, confiant, lui aussi, dans la justice de son prince bien informé, a pris le lendemain de son exploit inutile le chemin de l'Arabie et qu'on n'entendra plus guère parler de lui à Constantinople !

X^E LETTRE

Les derviches tourneurs.
Au tékké de la rue de Péra.
Digression sur les derviches en général.
Le Turbé d'Achmet Pacha.
La danse sacrée.

Il était à peine deux heures, lorsque nos landaus s'arrêtèrent à la grille du tekké de Péra, et déjà, cependant, nombre de calèches, de victorias stationnaient en face, au long du trottoir; beaucoup d'étrangers avaient franchi la petite cour qui précède la mosquée et envahi les galeries inférieures de l'édifice réservées au public.

Les formalités d'entrée furent d'ailleurs aussi simples que possible, notre guide paya pour chacun de nous un bakchich et nous prévint que nous pouvions rester découverts ; cela nous dispenserait de chausser des babouches ou d'enlever nos souliers, ainsi qu'il est d'usage de faire quand on entre dans une mosquée (1).

Sur son conseil, sans perdre une minute, nous prîmes le parti de nous diviser et de grimper les escaliers conduisant aux tribunes. Il était temps de nous caser ; déjà le premier rang, seul garni de quelques sièges, était occupé par des touristes de différentes nationalités. De là-haut, nos regards pouvaient plonger tour à tour dans l'enceinte sacrée, séparée du public par des balustrades de bois

(1) Pour obvier à cet inconvénient, les Turcs de de la classe aisée portent des *socques* en cuir verni qui s'ajustent sur la chaussure. Il leur suffit de les enlever pour satisfaire aux prescriptions religieuses relatives à la tenue dans le lieu saint. Quant aux étrangers, la coutume s'est répandue dans tout l'Orient de leur faire chausser de larges babouches par dessus leurs souliers. Des préposés au service de la mosquée ont toujours un assortiment de ces chaussures étalées sur le péristyle ou bien sous le vestibule de l'édifice. — Les kaïms veillent avec soin à ce que ces babouches ne quittent pas les pieds des visiteurs, et, lorsque cet accident fréquent arrive, ils s'empressent de rapporter très poliment la chaussure égarée. — Les musulmans ne se découvrent jamais dans leurs mosquées.

peu élevées et dans la tribune réservée aux musiciens de l'orchestre, placée au même étage que nous.

La salle des exercices est octogonale, assez vaste et très élevée ; son plancher est couvert d'un tapis ; elle comporte naturellement un mihrab (1) orienté du côté de la Mecque ; c'est près de là que s'assied le *cheik* ou supérieur du couvent, vêtu d'un ample manteau noir et coiffé d'un bonnet de feutre gris entouré d'un turban vert.

Vous n'ignorez pas que les derviches tourneurs sont des moines musulmans, mais peut-être me saurez-vous gré de vous donner quelques renseignements complémentaires sur ces singuliers religieux danseurs dont vous avez vaguement entendu parler.

Permettez-moi donc de faire une courte digression à leur sujet.

Autrefois l'empire ottoman ne comptait pas moins de trente-deux ordres de derviches. chargés d'entretenir le fanatisme de leurs coreligionnaires par des prédications, ou dési-

(1) J'ai dit que ce mihrab est une niche et qu'il remplace le maître-autel de nos églises.

reux d'acquérir des mérites par la mortification.

Je me dispenserai de vous énumérer ces ordres aux noms bizarres et me contenterai de vous dire que ceux qui subsistent se divisent en deux classes principales : les *Mevlevis* (1), vulgairement dénommés tourneurs, et les *Rufaï* ou hurleurs.

Ces moines vivent en communauté dans des tekkés, par groupes de quarante au plus, sous la direction d'un *cheik* nommé par le *grand mufti* ou supérieur général de l'ordre. Ils font un noviciat et reçoivent, après avoir subi certaines épreuves, une mystérieuse initiation. Soumis à une règle commune, ils peuvent néanmoins se marier, et avoir leur demeure particulière en ville car ils ne sont pas cloîtrés ; on les voit, en effet, circuler et flâner à leur gré dans les rues de Constantinople. Le tekké les nourrit, les héberge et ils sont tenus d'y passer au moins deux nuits sur sept. Enfin, une fois ou deux par semaine, mais tout au moins le vendredi, ils se livrent publiquement et en commun aux

(1) Ce nom leur vient de celui de leur fondateur : Mevlevahina-Djellah-Eddin-El-Roumi.

exercices étranges que je vais essayer de décrire (1).

Tous les derviches en général jouissent de la faveur et du respect un peu superstitieux des musulmans, mais les *Mevlevis* sont les plus riches de l'empire et la fortune de leur ordre, qui ne compte pas moins de 6,000 membres, s'accroît sans cesse des donations qui leur sont faites par les fidèles croyants (2).

Leur grand couvent est à Konieh, en Asie Mineure, mais celui de Péra est un des plus importants ; on remarque dans son enceinte extérieure le turbé ou mausolée d'Achmet-Pacha, ex-comte de Bonneval (3), gentil-

(1) Ces exercices, au dire de quelques savants, pourraient bien être à peu près les mêmes que ceux des prêtres d'Osiris. D'après Gérard de Nerval, « ces derviches représenteraient la tradition non interrompue des Cabyres, des Dactyles et des Corybantes » de la vieille Grèce.

(2) Ces biens, *vakoufs*, sont exempts d'impôt. — Le mot *derviche* vient du persan : *derouisch*, qui signifie : pauvre, parce que les derviches pratiquent dans une certaine mesure la pauvreté personnelle. Il leur est permis cependant d'exercer un métier en dehors du tekké. Un seul ordre de derviches est *mendiant*, celui des « becktachis ».

(3) Claude-Alexandre, comte de Bonneval, naquit

homme limousin, qui, après une vie des plus aventureuses, finit par embrasser l'islamisme, devint général d'artillerie au service de la Turquie et mourut à Constantinople en 1747.

*
* *

A peine étions-nous tant bien que mal installés dans notre observatoire que la cérémonie commença. Les derviches arrivèrent isolément, nu-pieds, drapés dans de larges manteaux de couleurs variées, coiffés d'une toque de feutre jaunâtre, épaisse d'un doigt et affectant la forme d'un pot de fleur renversé. Ils commencèrent par se ranger au nombre de vingt-huit tout autour de la salle,

en 1675, d'une des premières familles du Limousin ; il servit la France en qualité d'officier de marine, entra dans les gardes françaises, acheta un régiment avec lequel il fit la campagne d'Italie, sous Villeroi, Catinat et Vendôme. Obligé de se réfugier en Autriche à la suite d'une insulte faite à Mme de Maintenon, il servit sous les ordres du prince Eugène, contre la France, avec le titre de major général, au cours des campagnes de 1710-1711-1712. — Dépouillé de son grade pour avoir outragé le prince Eugène, il passa en Turquie, s'y fit mulsulman, devint général et mourut au service du Sultan dont il fut le puissant conseiller.

puis se mirent à genoux tous ensemble, élevèrent les mains et commencèrent leurs prières selon le rite habituel.

Cependant, de la tribune des musiciens, une voix nasillarde, chevrotante, étranglée commença sur un ton aigu un récitatif monotone. Le chanteur, accroupi sur le sol, était accompagné par un joueur de flûte, grand et maigre, à barbe rousse, coiffé comme les derviches, vêtu comme eux d'une longue robe et d'un cafetan noir.

Cet homme se tenait debout, appuyé au mur ; l'instrument dont il se servait était fait d'un long roseau, percé de trous ; il le tenait droit comme un flageolet et en appliquait sur le coin de sa bouche l'orifice supérieur arrondi comme un pommeau de canne ; les modulations qu'il tirait de ce simple tube de bois étaient douces, plaintives, d'une tonalité étrange...

Tout à coup, sur un signe du cheik, les darboukas (1) se mirent de la partie, et la musique changea de rythme. Alors les derviches se levèrent ; toujours drapés dans leurs

(4) Tambourins.

manteaux, les bras croisés sur la poitrine, les mains appuyées sur les épaules, ils se mirent processionnellement en marche, à très petits pas, autour de la salle. Chaque fois que l'un d'eux arrivait devant le mihrab, il se retournait avec grâce et lenteur, rapprochait ses pieds l'un de l'autre, plaçait son gros orteil droit sur son gros orteil gauche et saluait profondément son suivant. Celui-ci prenait à son tour la même attitude, faisait les mêmes gestes, avançait d'un pas, se retournait et rendait le salut à celui qui venait après lui.

Il en fut ainsi jusqu'à ce que chaque religieux eût repassé deux ou trois fois devant le mihrab. Alors un coryphée entonna quelques versets auxquels le chœur répondit. Puis le cheick donna un nouveau signal, et tous à la fois les derviches se débarrassèrent de leurs grands manteaux. Ils nous apparurent alors vêtus d'une robe blanche très ample et d'une petite veste croisée de même nuance, retenue à la taille par une ceinture de cuir.

L'un d'eux s'avança au centre de la salle, étendit les bras, tourna la paume de sa main gauche vers le ciel et celle de sa main droite vers la terre ; aussitôt il se mit à tourner de droite à gauche comme s'il voulait exécuter une valse à trois temps ; peu à peu, le mouvement de rotation, très lent à son début, s'accentua sensiblement, à mesure que le rythme de l'orchestre devenait plus précipité. Mais, tandis qu'il tournait ainsi, la tête renversée et légèrement penchée sur l'épaule droite, les paupières demi-closes, sa robe s'élargissait en vertu de la force centrifuge et ses plis prenaient une position horizontale, ainsi qu'il arrive aux jupes des danseuses de ballet.

Cependant les autres derviches s'étaient mis en branle, eux aussi, après avoir assujetti leurs bonnets de feutre et étendu leurs bras de la façon qui vient d'être expliquée.

Les voici tous partis, ils pirouettent sur eux-mêmes et décrivent deux orbes concentriques autour de leur chef de file, on dirait des êtres animés d'un double mouvement de rotation et de translation, maintenus à distances égales d'un pilier central, vivant et en mouvement. Maintenant tous ces hommes, aux yeux ouverts ou demi-clos, pâles et ruisselants de sueur, tournent, tournent sans cesse, inconsciemment, machinalement, comme d'énormes toupies, on les croirait en extase !...

*
* *

Au cours de cette danse, le cheik restait impassible ou bien se transportait d'un danseur à l'autre, suivant qu'il jugeait utile de ranimer un courage défaillant.

Pendant le premier quart d'heure que dura cet exercice, notre attention fut soutenue par la curiosité, mais j'avoue qu'à la longue ce vertigineux tournoiement, les hululements monotones de la flûte, les sourds grondements des darboukas finirent par nous fatiguer ; plus d'un spectateur se prit à demander à ses voisins mieux renseignés « si la cérémonie allait durer longtemps comme ça ? »

— « Nous en avons bien encore pour une demi-heure au moins, répondit un interprète qui se trouvait près de moi, et désormais l'exercice sera toujours le même, aussi les étrangers restent-ils rarement jusqu'à la fin. »

A ces mots, nous échangeâmes, d'une tribune à l'autre, un regard inquiet et ennuyé, et d'un simple coup d'œil nous convînmes de sortir de cette étuve à l'atmosphère épaisse et chargée de miasmes, dans laquelle la chaleur devenait écœurante.

Ainsi finit notre visite au tekké des derviches tourneurs, « bien moins intéressants *dans leur travail* (*sic*), s'empressa d'ajouter notre drogman, que les derviches hurleurs de Scutari et de Kassim-Pacha ! »

Pour nous reposer de ce spectacle étourdissant, nous prîmes place dans les voitures qui nous attendaient à la porte et : « Fouette cocher !... En route pour les Eaux-Douces d'Europe ! » Aussi bien était-il temps d'aller respirer l'air pur et de sentir la brise passer sur nos fronts !

XIe LETTRE

Les Eaux-Douces d'Europe.
Ce que sont ces Eaux et celles d'Asie.
Ce qu'on voit
le vendredi sur les rives du Barbyzès.
Retour en caïque par la Corne-d'Or.

QUE sont donc, me direz-vous, ces fameuses *Eaux-Douces d'Europe et d'Asie*, dont parlent à l'envi tous les voyageurs qui ont eu la bonne fortune de visiter Constantinople ?

— Rien n'est plus simple pour moi que de fournir une réponse à votre question.

Longtemps Constantinople n'eut d'autres promenades publiques, d'autres squares, que ses cimetières séculaires, plantés de noirs cyprès. Au cours de ces trente dernières années, deux jardins municipaux, *à entrée payante*, y ont été plantés et aménagés ; ce sont ceux des Petits-Champs et des Hauts-Champs ou du Taxim (1), six aux deux extrémités du quartier européen de Péra.

Il convient enfin d'ajouter que, depuis la guerre de Crimée, les jardins du Vieux-Séraï sont en partie accessibles au public.

Les riches familles, les ambassadeurs, les consuls possèdent bien, il est vrai, depuis longtemps, des jardins privés attenant à leurs demeures ou à leurs palais, mais les familles de la classe populaire ne disposent d'aucune de ces promenades publiques, ombreuses et aérées, qu'on trouve dans toutes les grandes villes européennes ; on conçoit dès lors éprouvent le besoin d'aller, aux jours de fête, respirer l'air pur de la campagne et désirent se procurer ce plaisir salutaire sans être obligées de faire un voyage long et coûteux.

Or, il existe à une faible distance de Constantinople et sur chaque rive du Bosphore, frontière naturelle de l'Europe et de l'Asie,

(1) Ce jardin a été planté par un Français : M. Déroin, jardinier en chef du Sultan ; le fils de ce compatriote a épousé Mlle Fortin, d'Orléans.

une vallée verdoyante arrosée par un petit fleuve dont les *eaux douces* viennent se jeter dans la mer.

Sur la rive d'Europe, c'est la vallée du Barbyzès, sise à cinq kilomètres environ de la ville par voie de terre, également accessible en bateau par la baie profonde et sinueuse de la Corne-d'Or. Celle d'Asie, arrrosée par le Gueuk-Sou (ruisseau d'azur), est distante de onze kilomètres des échelles de Galata. Les bateaux-mouches qui sillonnent continuellement le Bosphore et la Corne-d'Or desservent à prix excessivement réduits ces deux endroits charmants (1).

Au cours des derniers siècles, les sultans s'étaient plu à embellir, pour leurs favorites, ces lieux enchanteurs ; ils y avaient fait bâtir des kiosques, dessiner des jardins, creuser des bassins, construire des ponts, disposer des cascades artificielles, et les Eaux-Douces étaient devenues le rendez-vous de la société élégante de Constantinople ; mais cette pro-

(1) Les bateaux-mouches mettent une heure un quart environ pour aller du Nouveau-Pont au terminus de Kara-Agatch (Eaux-Douces d'Europe). Le prix de la course est de 50 paras, soit exactement 29 centimes.

priété impériale est aujourd'hui dans un état de délabrement complet.

En résumé, les habitants de Constantinople vont aux Eaux-Douces, le vendredi, comme les Parisiens vont le dimanche au bois de Boulogne.

Toutefois, la vallée du Barbyzès ne garde pas longtemps sa fraîcheur; elle n'est vraiment agréable qu'au printemps et les feux brûlants du soleil d'été ne tardent pas à dessécher ses prairies. Quand arrive le mois de juillet, il faut renoncer à cette station dont les beaux jours ne durent que du commencement de mai jusqu'à la fin de juin.

A partir de cette date c'est aux eaux-douces d'Asie que se donnent les joyeux rendez-vous, au pied du vieux château fort, sur les prés ombragés de platanes et de sycomores compris entre le petit et le grand *ruisseau d'azur*, tout près du kiosque impérial, édifié par Mahmoud Ier, restauré par Sélim et reconstruit par la sultane-validé mère d'Abd-ul-Medjid.

*
* *

Nos voitures nous emportèrent donc à

travers les grandes rues de Péra jusqu'à la place du Taxim (1). Nous vîmes en passant le Champ de Mars, la grande caserne d'artillerie, l'hôpital arménien, les cimetières entourés de guinguettes très fréquentées, et bientôt nous nous trouvâmes en pleine campagne.

La route qui conduit aux Eaux-Douces serpente au pied de collines arides, désolées, sans ombrages ; elle est large, mais cahoteuse, boueuse, mal entretenue ; aussi se trouve-t-on fort agréablement surpris lorsqu'on arrive enfin au petit village de Kiahat-Hané, bâti dans la verdoyante vallée du Barbyzès, couverte de grands arbres, littéralement encombrée de luxueux équipages, de cavaliers, de piétons, de mercantis, de chanteurs, de batteleurs, de gens de toute condition, venus là pour leur plaisir ou leurs affaires.

Arrivés à cet endroit, nous mîmes pied à terre afin de pouvoir circuler à l'aise, nous mêler à la foule bigarrée et jouir complètement du singulier spectacle qui nous était offert.

(1) Le Taxim est un réservoir d'eau construit en 1731 par Mahmoud Ier pour l'alimentation de la capitale.

Nous côtoyâmes d'abord de longues files de coupés, attelés de chevaux superbes, conduits par des cochers d'une correction parfaite, mais coiffés de fez et accostés de négrillons impassibles. Dans l'intérieur de ces voitures, nous voyions se dessiner le profil des élégantes de Constantinople, couronnées de fleurs naturelles, aux visages couverts de longs voiles de gaze ; puis après avoir franchi un mauvais petit pont nous nous trouvâmes dans la partie réservée aux promeneurs.

Tout le long de la rive gauche du Barbyzès, au cours sinueux, d'innombrables femmes se tenaient assises au ras de l'eau, enveloppées dans ces manteaux très amples et de teintes sombres que les Turcs dénomment *féradjés* ; le plus souvent leur *yacmack* (1) était relevé et elles passaient leur temps à bavarder entre elles en fumant des cigarettes, à grignoter des *simits*, (2) des pistaches, des noi-

(1) Le *yacmack* est un voile de mousseline couvert de dessins imprimés en couleurs, à travers lequel les femmes voient distinctement sans être vues.

(2) Couronnes de biscuit parsemées de graines de sésame.

settes, à manger des *rahat-lokoums* (1), du *yourt* (2), des cherbets (3) que des mercantis, munis de larges plateaux chargés de vaisselle, d'une balance et d'un haut trépied de bois, venaient leur offrir.

Dans les endroits dépourvus d'arbres, des restaurateurs avisés avaient improvisé des tonnelles longues et étroites, faites de poteaux de bois très légers, de tringles liées ensemble et recouvertes de branchages fraîchement coupés. Ces abris étaient peuplés de femmes qui buvaient du café, absorbaient des consommations variées et d'enfants qui se roulaient ou dormaient sur l'herbe.

A moins de trente mètres en face, sur la rive gauche du Barbyzès encombré d'innombrables caïques (4), gardés par leurs rameurs, des

(1) Pâtes de fruits parfois mêlées d'amandes.

(2) Lait caillé.

(3) Boissons à demi-glacées très recherchées en Turquie.

(4) Le caïque est une barque à quille, longue, étroite, relevée à ses deux extrémités, excessivement légère, mais très mobile, montée par un ou deux rameurs. Son prix de location est de 3 à 4 piastres par heure et par paire de rames (80 cent. ou 1 fr.). Il existe aussi de grands caïques à quatre, six et huit rameurs capables de porter une famille entière.

Tziganes et des Arabes entourés de joueurs de flûtes, d'accordéons et de darboukas, dansaient en plein air une danse du ventre effrénée; d'autres chantaient en chœur et s'accompagnaient en tapant dans leurs mains; des hommes, assis sur l'herbe, semblaient prendre un plaisir extrême à les regarder et à les entendre, tout en fumant la cigarette ou le narghilé. Les promeneurs s'arrêtaient un instant, se massaient autour des acteurs et des consommateurs, riaient aux éclats, applaudissaient, puis se retiraient à temps pour n'être pas obligés de déposer leur paras (1) dans le tambourin qui leur était présenté en guise de plateau de quête.

A cinq heures, les agents de police commencèrent à faire circuler ces artistes ambulants et les obligèrent, non sans peine, à évacuer la place. Les femmes tziganes, au teint bronzé, au visage flétri, échevelées, couvertes de haillons, se montraient particulièrement rebelles à leurs exhortations et les accablaient d'injures proférées dans toutes les langues. Bon gré, mal gré, il leur fallut partir

(1) La pièce de 5 paras équivaut à trois centimes de notre monnaie.

et nous les vîmes pousser comme un vil troupeau par les agents, rangés en ligne serrée.

Alors l'embarquement général commença ; les caïques furent pris d'assaut ; nous montâmes nous-mêmes dans l'embarcation qui nous était réservée et la descente du Barbyzès aux eaux troubles s'effectua lentement au milieu des cris, des chants discordants, des imprécations des caïdjiks abordés par de maladroits voisins.

A mesure que nous avancions, les bords du petit fleuve (auquel le nom de ruisseau conviendrait beaucoup mieux) étaient de plus en plus encombrés de curieux. Ce n'étaient partout, principalement sur la rive gauche, la plus proche des faubourgs, que groupes de femmes et d'enfants de races les plus diverses : Grecs, Arméniens, Juifs, Turcs, Asiatiques, aux robes éclatantes, aux coiffures variées. Ils étaient tous assis à la turque sur l'herbe, ou bien les mains croisées sur leurs genoux relevés, et semblaient ravis d'assister, sans fatigue et sans frais, au pittoresque retour des Eaux-Douces. C'était quelque chose d'analogue à celui des courses, vu des bords de la Seine, dans la banlieue de Paris.

Enfin, nous arrivâmes au grand pont de bois établi sur le Barbyzès, à l'endroit où ce cours d'eau se jette dans la Corned'Or.

Là, de grands vapeurs pavoisés attendaient leurs nombreux passagers, notamment des collèges entiers précédés de leurs fanfares, par eux amenés dans la matinée.

Vers six heures trois quarts, nous débarquions à notre tour auprès du nouveau pont, non loin du carrefour de Kara-Keuï, et peu après, le *chemin de fer à la ficelle* nous hissait sans fatigue des bas-fonds de Galata à la grande rue de Péra.

Voilà, mon bien cher ami, le récit complet et détaillé de tout ce que nous avons vu au cours de cette seule journée du vendredi, bien employée, n'est-il pas vrai, depuis le lever du soleil jusqu'à son coucher ?

XIIe LETTRE

Au quartier de Kassim-Pacha.
Les derviches hurleurs.
Une cérémonie funèbre à l'église grecque de Saint-Constantin.
Un cas à signaler au Conseil d'hygiène du quartier de Péra.

VOUS verrez, messieurs, nous avait dit notre interprète, en sortant du tekké de Péra, vous verrez, dimanche, le beau *travail* (*sic*) que fournissent les *derviches hurleurs*... Ah ! c'est autre chose que ça ! vous pouvez m'en croire ; d'ailleurs les touristes que j'ai conduits aux tekkés de Scutari ou de Kassim-Pacha m'ont toujours fait des compliments... Il y a de quoi vous rendre fou !... »

Si nous n'avions pas été décidés par avance à aller entendre *hurler* les derviches, ce boniment aurait suffi pour nous convaincre qu'il était indispensable de leur rendre visite avant de quitter Constantinople. Ce sont d'ailleurs les mêmes moines qui se mortifient le dimanche à Kassim-Pacha, et le jeudi à Scutari ; nous n'avions donc pas l'embarras du choix.

Eh bien ! je vous avoue qu'en effet, le souvenir de cette séance est incontestablement le plus impressionnant de ceux que me fournit ma mémoire. Oui, j'ai été profondément remué par la cérémonie que je vais essayer de décrire ; vous allez décider vous-mêmes si c'est à tort ou à raison.

* * *

Partis à pied de notre hôtel après le déjeuner, nous voici en route pour le fameux tekké, cherchant l'ombre au ras des maisons et nous épongeant le front à chaque pas, car la route est longue et la chaleur suffocante. Après avoir suivi des rues en montagnes russes, mal pavées, poussiéreuses, remplies de chiens sans maîtres couchés sur le flanc, encombrées de chevaux et d'ânes chargés comme des mulets de longues planches de sapin tant bien que mal assujetties sur leurs flancs, traînant derrière eux et balayant tout ce qu'elles rencontrent au tournant des carrefours, nous traversons sur un vieux pont une vallée sauvage, verdoyante au fond de laquelle s'écoule sans bruit le Bouiboul-Sou, torrent tributaire de la Corne-d'Or. Nous grimpons une dernière côte en espalier et, tournant à gauche, nous nous engageons dans une ruelle étroite, au beau milieu de laquelle notre guide nous arrête brusquement. « C'est ici ! nous dit-il, nous sommes arrivés ! » — Ah ! enfin ! Nous nous trouvions alors en face de la porte d'une masure à deux fenêtres basses, aux grillages desquelles étaient noués des guenilles et des lambeaux de vêtements de toutes nuances. Plongeant un regard indiscret à travers les baies de ce misérable bâtiment, nous ne fûmes pas médiocrement surpris d'y voir, dans une très modeste chambre, trois catafalques, rangés côte à côte, recouverts d'étoffes, surmontés de bonnets de derviches et de chapelets musulmans.

« Ça, nous dit notre guide en voyant notre

étonnement, c'est le turbé des anciens cheiks du tekké ; ces oripeaux ont été attachés à cette fenêtre par des personnes qui espéraient obtenir de ces fervents croyants, morts en odeur de sainteté, la grâce d'une guérison pour elles-mêmes ou pour quelqu'un des leurs (1). »

Nous entrons dans le tekké par une sorte de salle d'attente où des gens assis, occupés à boire et à fumer, n'ont pas même l'air de nous remarquer. Nous pénétrons ensuite dans une grande salle séparée de la première par une porte vitrée, éclairée au soleil levant par trois fenêtres qui s'ouvrent sur la vallée verdoyante dont j'ai parlé tout à l'heure.

(1) « En Orient, dit M. G. des Godins de Souhesmes, dans son livre intitulé : *Au pays des Osmanlis*, toute tombe vénérée porte de ces sortes d'*ex-voto* qui, selon la croyance générale, préservent des maladies. »

Qu'on me permette de faire ici un singulier rapprochement : « J'ai vu, le 23 décembre 1881, dans la chapelle de Saint-Jean-Baptiste, dépendante du château de Germonville (Loiret), aujourd'hui démolie, un crucifix auquel étaient attachés des oripeaux semblables à ceux-ci, et j'appris que les Beaucerons venus en ce lieu pour obtenir la guérison de leurs enfants atteints de la coqueluche avaient coutume d'y laisser un lambeau de vêtement ainsi attaché.

La pièce où nous nous trouvons est plus longue que large ; elle est élevée et garnie d'une tribune en bois brut, dont le plancher règne à une hauteur de deux mètres trente environ au-dessus du sol.

Nous prenons place en face de la porte d'entrée, au-dessous d'une vaste loge grillée à laquelle on doit accéder par un escalier extérieur. La porte qui y conduit est fermée à l'aide d'une toile d'emballage faisant office de portière.

A notre gauche, près des fenêtres, dans l'angle de la salle, nous remarquons un mihrab orné de vieux drapeaux, rempli d'instruments divers tels que : chaînes, crochets, fléaux de guerre, piques, masses d'armes, yatagans, darboukas, cymbales, etc., etc.; une lampe verte est suspendue en avant et au sommet de cette niche.

Des inscriptions et des dessins sacrés, simplement encadrés, sont accrochés aux murs blanchis à la chaux, maculés et couverts de poussière ; celui-ci représente un vase de fleurs, celui-là l'empreinte du pied du Prophète, les autres des toughras de sultan (1)

(1) « Le toughra est un monogramme en forme d'ara-

et des sentences. — Sur une planche s'alignent d'épais bonnets de feutre et s'entassent de larges ceintures tissées ; aux piliers qui soutiennent la tribune sont appendus de gros godets de verre garnis de veilleuses éteintes.

En face de nous, deux fenêtres et la porte par laquelle nous sommes entrés. La première fenêtre donne dans la salle d'attente indiquée ci-dessus, la seconde met en communication la salle des exercices avec le turbé aéré par les ouvertures donnant sur la ruelle.

L'étroite galerie réservée au public est séparée du sanctuaire proprement dit par une balustrade de bois très basse qu'enjambent à tout instant des enfants de quatre à cinq ans, mal lavés, mal peignés, qui jouent là comme s'ils étaient de la maison, — Le sol est formé d'un plancher grossier sur lequel sont étendues, de loin en loin, quelques peaux de moutons destinées à remplacer les riches tapis de prière.

besque où figure les noms et titres du prince régnant, ceux de son père, de son aïeul, avec une invocation à la divinité. Il tient lieu de la signature du Sultan et se place en tête des brevets et firmans. »

(Des Godins de Souhesmes, loc. cit., p. 67.)

Bref, tout respire la pauvreté dans cette étrange couvent.

A trois heures et demie, trois Derviches barbus, vêtus de longues robes et portant une ceinture de laine pliée sur l'épaule, pénètrent dans l'enceinte sacrée; ils commencent leurs prières, puis sortent et rentrent bientôt suivis de sept nouveaux confrères. Tous se rangent sur une seule ligne au long du mur opposé aux fenêtres et, partant au mihrab, ils lèvent leurs mains ouvertes à hauteur de leur poitrine et commencent à réciter, tous ensemble, des litanies.

Trois chanteurs de profession, dont un jeune soprano d'une douzaine d'années, coiffés de fez avec ou sans turban, vêtus de cafetans, viennent s'asseoir devant eux et commencent une interminable rapsodie sans accompagnement d'instrument. Le plus âgé se contente de marquer le rythme en frappant fortement sur ses cuisses avec ses mains ouvertes, tous battent la mesure en se balançant d'avant en arrière.

A cet instant, un kaïm (1) vient ouvrir la

(1) Membre du clergé chargé des soins intérieurs de la mosquée.

fenêtre du turbé, dispose sur son appui un brûle-parfum semblable à un encensoir, mais dépourvu de chaînes et muni de trois petits pieds ; il y allume quelques pastilles odorantes dont la fumée bleuâtre s'élève en longues spirales et finit par pénétrer dans la chapelle funéraire.

La cérémonie continue par la récitation de versets et de répons, de chœurs accompagnés de gestes rituels (2), de prosternations, de marches, de contre-marches et de salutations, puis les derviches entonnent à l'unisson une mélopée coupée de loin en loin d'éclats de voix inattendus, et accompagnée de balancements incessants du corps. Ces chants ne ressemblent en rien aux hurlements que je m'attendais à entendre, ils sont harmoniques et forment un ronflement analogue à celui des tuyaux d'orgues, avec alternance de *piano* et de *forté*.

* * *

Cependant nous voyons entrer, un à un, de

(2) De temps à autre, tous les Derviches se couvrent le visage avec leurs deux mains, puis se frottent les sourcils avec leurs pouces et reprennent leur posture.

nombreux visiteurs, notamment des officiers à barbe blanche portant deux ou trois étoiles à leurs cols, des torsades d'or sur les épaules, des décorations sur leur poitrine, mais sans armes. Un vieux pacha se présente à son tour, il est reçu avec les honneurs dus à son rang, un *kaïm* l'aide à franchir la balustrade, lui offre une peau de mouton et le fait asseoir à la turque, presque en face du mihrab, à côté des autres fidèles de distinction.

Bientôt les dix derviches chanteurs s'arrêtent et viennent processionnellement saluer leur cheik, vêtu d'un long cafetan olivâtre et coiffé du turban vert ; trois d'entre eux seulement l'embrassent, tandis que les autres se retirent après lui avoir simplement baisé la main.

Après un repos de deux à trois minutes, les balancements et les chants recommencent ; cette fois, c'est Allah qu'ils invoquent sans cesse ; plusieurs derviches roulent une ceinture autour de leur corps tandis que le cheik retire la sienne, enlève son turban, remet le tout à ses acolytes, qui reçoivent ces objets avec respect, saluent, lui baisent la main et s'en vont.

Il est quatre heures trois quarts, la cérémonie est déjà longue de plus d'une heure, et depuis vingt minutes les : « La Ilah ! il Allah ! » vont crescendo, tandis que les derviches, les bras ballants, se dandinent d'une jambe sur l'autre, lancent violemment et avec ensemble leur tête de l'épaule droite à l'épaule gauche et *vice versâ*, comme s'ils voulaient regarder derrière eux. Un porte-faix, à la tête rasée, vêtu d'un large pantalon de toile bleue, d'une chemise d'indienne et d'une ceinture rouge, entre en ligne ; il imite leurs mouvements et leurs cris avec une conscience parfaite.

Déjà, ces malheureux sont pâles de fatigue, leurs yeux sortent de leurs orbites, la sueur inonde leurs visages et les muscles de leurs cous démesurément gonflés, sont gros et raides comme des cordes. Ils continuent quand même à hurler à tue-tête : « La Ilah ! il Allah !... Allah !... Hou !... Hog !... Hog !..., Allah ! Hou ! Hog ! Hog ! » En vérité, ce ne sont même plus des cris humains que nous entendons, mais des rugissements de bêtes fauves : « Allah, Hou !... Hog, Hog ... Allah !... Hou !... »

Cependant, les musiciens accroupis chantent toujours et excitent le courage des hurleurs en leur racontant, paraît-il, des histoires passionnantes et entraînantes.

Enfin quelques vociférants s'arrêtent exténués, deux d'entre eux sortent du rang et s'en vont à la salle d'attente prendre une boisson rafraîchissante, mais ils reviennent bientôt à leur place.

Alors, un capitaine de cavalerie, un nègre de six pieds, à la poitrine couverte de médailles, qui jusque-là s'est tenu assis sur le sol comme un simple spectateur, bondit au milieu de l'enceinte sacrée, enlève son dolman, arrache son col, se débarrasse de tout ce qu'il juge susceptible d'entraver ses mouvements, se met en ligne et commence, lui aussi, à hurler avec rage : « La Ilah !... il Allah !... » Bientôt ce géant noir s'anime, il devient effrayant, ses yeux sont pleins de flammes, ses dents blanches, ses gencives rouges font taches sur son visage d'ébène inondé de sueur, il est pris d'un rictus de panthère noire et ne ferme plus la bouche. Nous l'entendons rugir comme un grand fauve blessé, pousser des Hog ! Hog ! Hog !

à faire trembler ses auditeurs ; il bave, ses membres se raidissent, ses poings se crispent, ses muscles faciaux deviennent tremblants, sa tête se déplace brusquement comme si elle cédait à l'impulsion d'un ressort et manœuvrait par déclanchement ; on le croirait épileptique !...

Et cela ne finira pas ; car voici que les autres derviches reprennent courage à son exemple et hurlent plus fort que jamais !

* * *

A ce moment, une des fillettes dont j'ai signalé la présence dans la salle des exercices, enjambe lestement la balustrade ; elle revient du dehors et tient à la main un bâton de sucre d'orge qu'elle vient d'acheter avec les paras que les dames de notre compagnie lui ont donnés.

La voilà prise, à son tour, d'un besoin irrésistible d'imiter le balancement des gens qu'elle voit se démener comme des possédés. Elle se met en ligne, à côté des musiciens, et commence à scander très gravement les « La Ilah ! il Allah ! » dont nous sommes littéralement obsédés. Évidemment, si cela continue, nous allons nous lever et vociférer à notre tour.

Il est cinq heures, les hurleurs sont à bout de forces, l'officier nègre lui-même et son voisin, le grand portefaix au pantalon de toile bleue, commencent à faiblir.

Alors, sur un signe du cheik, deux acolytes s'avancent porteurs de carafes remplies d'eau et de layettes pliées qu'ils promènent gravement devant les hurleurs secoués sur place, maintenant, par une vraie danse de Saint-Guy : Hou !... Hou !... Hou !... Hou !... Ils passent, repassent et disparaissent pour remettre ces objets aux femmes enfermées dans la loge grillée.

Sans aucun doute, cette eau, ces linges, leur ont été confiés dans le but de les faire, en quelque sorte, bénir, avec l'espoir d'obtenir par leur contact la guérison de jeunes enfants malades, ou de conjurer le sort qui les menace !

Enfin, la danse et les hurlements s'arrêtent ; le cheik, tout à ses fonctions sacrées, s'adosse au mihrab, et ses acolytes lui présentent un à un, avec des précautions maternelles, de jeunes enfants âgés de quelques mois à peine, endormis, étendus sur leurs bras ; celui-ci leur impose les mains, leur souffle au visage et les renvoie à leurs mères qui, de la tribune sans doute, les suivent du regard.

Alors commence le long défilé de vingt-quatre croyants venus pour assister à la cérémonie dans le but d'unir leurs faibles prières à celles des hurleurs, et de participer aux mérites qu'ils ont acquis par leur effroyable mortification.

Chacun s'avance à son tour après s'être déchaussé, signale à l'acolyte le membre ou la partie de son corps dont il souffre. — Cet officier se plaint des reins, celui-là de la poitrine, ce vieux pacha cacochyme est évidemment perclus de rhumatismes ; pour le deviner il suffisait de le voir tout à l'heure, accroupi, cherchant à hurler, lui aussi ; c'est tout au plus s'il pouvait agiter sa tête en cadence et émettre un faible « La ilah !... il... Allah !... »

Chaque malade est invité par le cheik à s'étendre sur une peau de mouton, qui sur le dos, qui sur le ventre, et de son pied déchaussé, le prêtre les masse ou les foule dignement, sans se baisser, en prononçant à voix basse quelque mystérieuse prière ; les malades se relèvent, visiblement satisfaits et reconnaissants, ils baisent la main de leur bienfaiteur et se retirent en silence.

A ce moment, notre drogman, qui n'est pourtant pas musulman, mais que je croirais plus volontiers fils d'Israël en dépit du passe-temps de nacre (1) qu'il agite sans cesse dans sa main droite, notre drogman, dis-je, crédule comme un levantin, quitte sa place en nous disant : « J'ai, moi aussi, quelques douleurs dans les reins, je vais profiter de la circonstance pour me faire toucher... Ne riez pas, je vous assure qu'une fois déjà j'ai éprouvé le plus grand bien d'une semblable opération. »

Et ce brave garçon se déchausse, franchit la balustrade, s'étend à son tour, raconte d'un geste sa misère à l'acolyte, se fait pieusement

(1) Le *passe-temps* est une sorte de collier à grains d'ambre, de bois ou de nacre uniformes qu'on prendrait pour un chapelet; presque tous les Orientaux égrennent à journée faite ce passe-temps, en manière de distraction. Il ne faudrait pas le confondre avec le *comboloio* composé de cent grains divisés en trois séries égales, séparées par un grain d'une forme différente. La *prière* du chapelet turc se compose de trois invocations qui changent à chaque série, savoir : Soubhan-Lallah : (Dieu louable !) — El ! hamd-Lallah ? (Gloire à Dieu !) — Allah echer ! (Dieu est grand !).

fouler par le cheik, le remercie comme les autres en se relevant, et rejoint sa place avec le plus grand sérieux.

Ainsi s'acheva l'impressionnante cérémonie du tékké de Kassim-Pacha. « C'est égal, nous dit en sortant notre inénarrable interprète, vous devez être satisfaits de votre journée, sans compter que vous avez eu une chance inouïe... Cet officier nègre que vous avez vu, entendu... et qui vient ici pour accomplir un vœu de reconnaissance en raison d'une guérison obtenue... eh bien ! il n'y en a pas deux à Constantinople pour hurler comme lui ! »

Ce fut le mot de la fin, le seul drôle, et il n'était d'aucun de nous, car nous n'avions guère envie de rire, ni les uns ni les autres.

***

Tandis que nous rejoignions le quartier de Péra par la rue Kalionidji-Koullouk, nous vîmes au fond d'une cour, dont la grande porte était largement ouverte, des popes grecs schismatiques assis sur un banc de pierre tout près de l'église Saint-Constantin.

De jeunes enfants blonds et roses jouaient autour d'eux ; ils allaient, venaient, sautaient gaiement, entraient dans l'église, en sortaient bientôt et venaient recevoir des mains d'un sacristain des dragées qui leur étaient libéralement distribuées.

Il y a sans doute là quelque baptême, disions-nous en regardant cette scène d'un air curieux. Alors un pope aux yeux grands et doux, à longue barbe, à longs cheveux, tout de noir habillé, coiffé d'un de ces hauts bonnets qui ressemblent à une tête de tuyau de poêle, nous invita gracieusement à pénétrer dans le sanctuaire.

Nous répondîmes sans tarder à son invitation; mais, quelle ne fut pas notre surprise en voyant dans le bas de l'église, à gauche, loin de l'iconostase (1), deux cercueils, tout capitonnés de blanc, dans lesquels reposaient de pauvres peties créatures, âgées de trois à quatre ans, revêtues des habits qu'elles portaient avant leur dernière maladie.

Autour d'elles, les enfants blancs et roses

(1) L'iconostase est une cloison couverte d'*icônes* ou images des saints, plaquées d'or et d'argent. Cet écran, muni de trois portes, sépare le prêtre des fidèles. Pendant la consécration un rideau pendu à la porte centrale dérobe l'autel aux regards des assistants.

jouaient insouciants ; quelques-uns mêmes venaient embrasser ces petits anges, puis se retiraient en courant !

— « De quelle maladie sont morts ces innocents ? » fîmes-nous demander au sacristain par notre interprète ?

— « D'une affreuse maladie de la gorge, qui fait en ce moment de nombreuses victimes dans ce quartier, répondit l'homme d'un air tranquille. Ainsi, cet enfant mort, que vous voyez là, faisait hier soir encore la joie de ses parents. »

S'agissait-il du croup ou de l'angine, je ne saurais le dire, mais nous nous retirâmes épouvantés de l'inconscience de ceux qui laissaient ainsi les vivants en contact permanent avec les victimes de l'impitoyable diphtérie.

Quelques instants plus tard, le funèbre cortège sortait de l'église ; les cercueils ouverts portés à bras circulaient dans la rue, deux jeunes enfants les précédaient, tenant les dessus des bières enveloppés de linge blanc et ornés d'une croix argentée, dressés comme des bannières.

Un peu plus loin, tout en haut de la rue en pente, un fourgon des pompes funèbres reçut les petits corps et les conduisit au champ de repos.

Voilà, mon cher ami, ce que nous avons vu de nos yeux vu, tous les douze, drogman, compris, et ce que vous auriez eu sans doute quelque peine à croire sans l'affirmation que je vous renouvelle de la parfaite authenticité de ces faits.

Si par hasard vous connaissez le docteur Roux, vous pourrez lui dire comment les choses se passent encore, en dépit de ses admirables études, au cours de l'an de grâce 1895, en plein pays civilisé, à deux pas du quartier de Péra, habité par des Européens !

J'ai, d'ailleurs, entendu dire que le climat de Constantinople n'était pas très sain pour les enfants !

Etonnez-vous-en, si vous le pouvez !

XIIIe LETTRE

Le vieux Séraï. — Le trésor du Sultan.
Dolma-Bagtché Séraï. — Le café de Sa Hautesse.
Traversée du Bosphore en caïque.
Beyler-bey-Séraï. — Retour à Péra.

Au cours de notre séjour à Constantinople, nous avons eu la bonne fortune de pouvoir pénétrer dans le *vieux Séraï* (1) et de voir le trésor du Sultan qui s'y trouve renfermé.

N'allez pas croire qu'on pénètre dans les divers pavillons groupés dans l'enceinte de l'ancien palais du Grand Seigneur comme

(1) Le mot Séraï signifie, palais. Il n'est pas du tout synonyme du mot *harem*, qui veut dire *sacré* et désigne, par abréviation, les appartements réservés aux femmes musulmanes. Le haremlik est séparé du selamlik ou appartement des hommes par un long

dans un musée quelconque; l'autorisation de faire cette intéresssante visite constitue une véritable faveur; elle s'obtient difficilement et doit être sollicitée par l'entremise des ambassades.

Il faut que la demande spéciale remise au grand maître des cérémonies, visée par la Sublime-Porte, soit accueillie par le Sultan. Sa Hautesse signe alors un *iradé*, c'est-à-dire une pièce constatant sa volonté souveraine.

corridor. — Il serait absolument inutile et de plus éminemment grossier pour un homme de demander, fût-ce à un intime, de pénétrer, même en sa compagnie, dans son *harem*. Les lois de la politesse turque défendent à un homme de s'enquérir de la santé de la femme d'un ami, à plus forte raison de faire visite à celle-ci. Telles sont les coutumes de ce pays, qu'un garçon bien élevé ne connait pas de vue la jeune fille qu'il doit épouser; c'est sa mère ou sa sœur qui se chargent de le renseigner sur les qualités physiques et morales de sa « future ». En effet, les femmes peuvent, sans difficulté, échanger autant de visites qu'il leur plait, mais toujours en dehors du maître du logis.

Tout le monde sait que la religion musulmane autorise la polygamie; chaque musulman peut avoir quatre femmes légitimes et autant de servantes, mais il doit donner à chacune de ses épouses une dot, un logement séparé et des serviteurs; il doit enfin les traiter avec la plus parfaite égalité. — Le nombre de Turcs qui usent de ce droit tend à diminuer, paraît-il, surtout à cause des dépenses énormes que nécessite l'entretien d'un *harem*.

Enfin, cette visite nécessite en outre la présence d'un aide de camp du Padischah et celle d'un nombreux personnel civil ou militaire de rang inférieur, composé de gardes, d'huissiers et de serviteurs.

La veille de notre visite, l'ambassade française nous fit parvenir à domicile une carte nominative portant à notre connaissance la faveur dont nous étions l'objet et nous convoquant pour le lendemain, *à cinq heures précises, à la turque* (midi 10^{m}, à la franque), à l'entrée du palais.

Inutile de vous dire que nous fûmes militairement exacts au rendez-vous.

*
* *

Vous n'ignorez pas que le Vieux-Séraï forme une véritable cité, entourée de murailles crénelées, avec ses portes multiples, ses places, sa mosquée, ses jardins, ses monuments, ses cours, ses piscines, ses terrasses, ses pavillons divers isolés les uns des autres et ses dépendances immenses?

Ce palais est bâti dans la plus admirable situation qui soit au monde. Il occupe, à deux pas de Sainte-Sophie, toute la pointe de la langue de terre qui s'avance dans les flots en face de Scutari, commande à la fois la mer de Marmara, le Bosphore et la Corne-d'Or.

C'est ici que les Sultans recevaient jadis les pachas et les ambassadeurs..... et parfois aussi faisaient décapiter leurs vizirs ou les serviteurs qui avaient cessé de leur plaire. Là furent casernés les fameux Janissaires ; en ce lieu conspirèrent Roxelane et Acomat ; dans cette enceinte, enfin, se déroulèrent nombre de drames mystérieux ! Là-bas, à la pointe extrême de ces jardins, du haut de cette tour, les Sultanes infidèles étaient précipitées vivantes à la mer, cousues dans un sac, en compagnie d'un chat et d'une vipère ! De ce côté,... mais je n'en finirais pas si je voulais énumérer tous les souvenirs qui se rattachent à ce palais ou décrire les mille merveilles qu'il renferme.

Lorsque tous les invités furent réunis devant le pavillon du Trésor, le Khaziné-Kéhyasse, ou chef des gardiens, se présenta entouré de son personnel, escorté de gardes en armes ; il se fit remettre l'*iradé* par l'aide de camp du sultan, le lut attentivement, récita une courte prière, puis, en présence de plusieurs témoins, rompit les scellés apposés sur le cadenas qui ferme la porte d'entrée du pavillon; il ouvrit enfin cette solide clôture, donna ordre aux soldats de former une double haie, de présenter les armes et nous invita solennellement à pénétrer dans les salles confiées à sa garde.

Au long des vitrines bondées d'armes, de vaisselle d'or et d'argent, de broderies précieuses, de cristaux et de fines porcelaines, se tenaient des surveillants, espacés de deux en deux pas, debout, immobiles, silencieux et bras croisés.

Nous visitâmes tour à tour deux grandes pièces carrées, éclairées par des fenêtres hautes et garnies de solides barreaux de fer, remplies de bijoux, de harnachements, de costumes historiques, de soieries, de cadeaux princiers, de dépouilles de guerre, amoncelés dans ce lieu au cours des siècles écoulés.

Je me croyais transporté dans quelqu'une de ces cavernes mystérieuses décrites dans les contes arabes et hindous.

Au centre de la première salle, je remarquai un trône d'or battu, bas et large, pourvu d'un dossier circulaire fort peu élevé, entièrement couvert d'émaux translucides, enrichi de rubis, d'émeraudes, de perles fines, « pris en 1514, pendant la guerre du Sélim, au shah de Perse Ismaïl » ; plus loin, dans un coin, un autre trône d'ébène et de santal, muni de son baldaquin, tout incrusté d'écaille, de nacre, d'ivoire, véritable chef-d'œuvre de l'art turc, datant du XVIe siècle. Au baldaquin de ce trône, soutenu par de gracieuses colonnettes, était suspendu par une chaîne d'or un bijou en forme de cœur renfermant une émeraude de dix centimètres de hauteur, épaisse de quatre centimètres environ ! Je vis encore des panoplies innombrables formées de dagues, de cimeterres, de poignards, d'épées à deux mains, aux lames damasquinées et ciselées, des cuirasses, des cottes de mailles, des housses de cheval brodées d'argent et d'or fins, constellées de cabochons et de perles, des casques et des étriers d'or massif guilloché, des masses d'armes niellées et gravées, des coupes, des flacons, des aiguières couverts de diamants, de grandes jattes de porcelaine de Chine remplies de topazes, de rubis, d'améthystes, d'émeraudes et de saphirs taillés mais non montés, des plateaux chargés de monnaies anciennes d'or et d'argent, des vases énormes remplis de sequins, de piastres et de medjidiés, des éventails, des montres, des pendules, des broches, des chaînes, des bracelets, des nécessaires de toilette, que sais-je encore? Car on trouve de tout dans ce hasné (1), de tout, jusqu'à des reliques insignes, telles : la main droite de saint Jean-Baptiste et un notable fragment de la vraie croix, provenant de l'ancien trésor impérial byzantin!

Au premier étage de la seconde salle, dans une sorte de galerie circulaire, s'aligne sous une longue vitrine la collection des robes d'apparat des Sultans, qui se sont succédé depuis Mohammed II le Conquérant (2) jusqu'à Mahmoud, mort en 1839. Au-dessus de leurs robes de brocard brodé, sont placés

(1) Hasné signifie trésor. — J'ai vu dans ce trésor des émeraudes et des rubis taillés et montés « larges d'un pouce et demi » et aussi une émeraude simplement polie, posée dans un écrin, qui me parut bien avoir douze centimètres de longueur, six de largeur et deux d'épaisseur.

(2) Celui qui prit Constantinople en 1453.

leurs énormes turbans blancs ornés d'aigrettes de plumes enrichies de diamants et de pierres précieuses, disposées en pendeloques; dans leur ceinture sont fichées des dagues aux poignées d'onyx, de jade et d'émeraude d'un prix inestimable.

Je n'ai pas la prétention de vous dresser un catalogue des richesses contenues dans ce trésor, mon cher ami, cela deviendrait fastidieux, mais j'estimerai avoir atteint le but que je me propose, si j'arrive simplement à vous donner une faible idée des merveilles que j'y ai vues.

Lorsque la visite du hasné fut achevée, nos guides nous conduisirent à Bagdad-Kiosk ; ils nous montrèrent en passant l'Hirka-Chérif-Odassi, où sont conservées les reliques de Mahomet : son manteau, son étendard et son arc, mais ne nous invitèrent pas à y entrer. Ce pavillon est un lieu sacré, inaccessible, non seulement aux *giaours* (1), mais même au commun des fidèles croyants.

Enfin la promenade s'acheva au kiosque dit

(1) On sait que les musulmans désignent par cette épithète : « giaours » les gens qui ne sont pas de leur religion. — Il n'est pas rare de rencontrer, encore aujourd'hui dans l'empire ottoman, des fanatiques

Tiéneffus-Odassi, où des rafraîchissements nous furent gracieusement offerts au nom du Sultan ; ils consistèrent, selon l'usage oriental, en confitures à la rose, eau fraîche et café.

Je ne saurais vous dire l'impression étrange que je ressentis en entrant dans la grande salle de ce pavillon. Devant la porte s'ouvraient plusieurs baies hautes et larges, ménagées dans une sorte d'abside autour de laquelle régnait un balcon spacieux ; des stores accrochés au-dessus des fenêtres et à demi-baissés dissimulaient leur partie dormante et formaient comme un cadre au plus séduisant tableau qu'il soit possible de voir. En effet, au fond de cette salle, éclairée d'un

crachant derrière les chrétiens qui passent. Nous avons vu des enfants sortant de l'école nous tirer la langue et nous faire des grimaces « à cause de notre qualité de *chrétiens* » nous dit notre guide. — Toutefois les Turcs bien élevés n'emploient plus cette expression méprisante, par eux-mêmes réputée « grossière » et n'usent plus de procédés désagréables vis-à-vis des étrangers. Tous ceux auxquels nous avons eu affaire se sont au contraire montrés polis, affables, complaisants et empressés à nous rendre service, je me fais un devoir de leur rendre ici la justice qui leur est due.

Le manteau du prophète est exposé tous les ans à la vénération des croyants, le 15e jour du Ramazan.

demi-jour et délicieusement fraîche, se déroulait, comme une immense fresque, le panorama lumineux du Bosphore.

Je crus, au premier coup d'œil, qu'il s'agissait d'une de ces reproductions artistiques auxquelles nos meilleurs artistes nous ont habitués (1), mais mon illusion ne fut pas de longue durée; les navires passaient et repassaient dans ce cadre en lançant dans le ciel bleu des panaches de fumée, la surface de la mer se striait sous les risées, les mouettes volaient, les caïques avançaient à force de rames dans un lac d'azur et y soulevaient une mousse argentée, les voiles blanches changeaient de place, les pavillons agités par la brise ondulaient capricieusement au sommet des mâts..... J'étais bien en face de la réalité, en présence du paysage féerique cent fois décrit par les plus habiles écrivains, reproduit avec amour par les peintres les plus sûrs de leur talent.

J'étais en face de ce Bosphore aux rives enchantées, couvertes de palais, de yalis (2), de

(1) Il est fait allusion ici aux panoramas trompe-l'œil établis sur plusieurs points de Paris : à la Bastille, aux Champs-Élysées, au Champ-de-Mars, etc., etc.

(2) Maisons de plaisance.

villages, de forteresses en ruine, encadrées de verdure et baignées de lumière !...

Cependant l'aide-de-camp de Sa Hautesse nous invite à prendre place sur le balcon tourné vers le nord-est, par conséquent à l'abri du soleil ; des fauteuils empruntés aux salons environnants nous sont apportés sur son ordre.

A peine sommes-nous assis, des valets en livrée nous présentent des plateaux garnis de cigarettes et de « findjans » semblables à des coquetiers de fine porcelaine, enchâssés dans des supports de filigrane d'argent. Un autre les suit portant un plateau d'or, suspendu par des chaînettes de même métal réunies par un anneau, sur lequel repose une élégante cafetière merveilleusement ciselée et guillochée, d'où s'échappe un délicieux parfum ; on dirait une de ces suspensions qu'on voit accrochées aux voûtes des oratoires princiers.

Nos tasses sont remplies l'une après l'autre, et nous nous reposons à notre aise tout en fumant, en admirant et en dégustant l'excellent café de Sa Hautesse.

Vous le voyez, rien ne manquait à la fête de ce qui pouvait l'embellir à nos yeux.

Cependant la journée n'était pas complète. Bientôt nos voitures nous emportent par les rues étroites de Stamboul jusqu'à la mosquée de la Sultane-validé, traversent la Corne-d'Or sur le nouveau pont toujours encombré, franchissent le carrefour animé de Kara-Keuï et nous conduisent par delà Top-Hané (l'arsenal) au palais de Dolma-Bagtché.

*
* *

J'en aurais pour longtemps à vous décrire ce palais immense, construit en 1853 par le sultan Abd-ul-Medjid, dans un style bâtard, mais avec une abondance de décors absolument inouïe. Je me contenterai de vous dire qu'il passe pour l'un des plus somptueux du monde, qu'on y voit une salle des fêtes grandiose, des salons innombrables, meublés dans un goût occidental souvent assez douteux, mais avec une richesse incroyable; une galerie de tableaux généralement très médiocres, des fresques criardes et des salles de bains décorées de marbres rares, d'un luxe oriental !

Mais... ce n'est pas tout encore ! Au bas du grand perron de marbre blanc de Dolma-

Bagtché, dont les marches descendent jusque dans la mer, les kaikdjis impériaux, au teint bronzé, aux bras musclés, tout de blanc vêtus, coiffés du fez, nous attendent patiemment, immobiles et silencieux dans leurs longues barques.

Nous prenons place par groupes dans ces embarcations élégantes et, sur l'ordre de l'aide-de-camp de Sa Hautesse, la flottille met sans délai le cap sur Beyler-bey-Seraï, splendide résidence impériale, sise sur la côte d'Asie, rebâtie avec un luxe extraordinaire, en 1865, par le Sultan Abd-ul-Aziz. Cet immense palais, décoré et meublé dans le goût oriental, fut mis en 1869 à la disposition de l'impératrice Eugénie. Il est maintenant inhabité, mais bien entretenu (1).

Les balcons de ses salons, ceux de son joli kiosque à coupoles multiples égales entre elles, s'ouvrent encore sur le Bosphore aux eaux bleues et transparentes, mais de là, le spectateur aperçoit au loin Tcheragan-Seraï (2), la longue façade de Dolma-Bagtché, les

(1) Ce palais a été restauré en 1889, à l'occasion de la visite que fit au Sultan l'empereur d'Allemagne.

(2) Ce palais de marbre sert de résidence tant à la

maisons de Péra, les coupoles et les minarets de Stamboul, en un mot, il embrasse d'un regard une grande partie de la côte d'Europe.

Cette visite se termina par une promenade dans les jardins disposés en terrasse, aux pièces d'eau, à l'ancienne ménagerie installée par ordre d'Abd-ul-Aziz et maintenant presque déserte ; enfin l'heure du retour ne tarda guère à sonner.

Nos caïques rapides, entraînés par le courant, nous emportèrent de nouveau vers Dolma-Bagtché où s'opéra le débarquement final.

Vous le voyez, cette belle journée avait été comme tant d'autres, au cours de cet intéressant voyage, utilement et agréablement occupée.

personne qu'au harem du Sultan Mourad V, déposé en 1876. Aussi personne n'a-t-il le droit d'en approcher ; ses abords sont d'ailleurs sévèrement gardés par des sentinelles. — C'est dans ce palais que mourut, en cette même année, d'une façon tragique, Abd-ul-Aziz, renversé par une révolution de palais.

XIVe LETTRE

I

Dernière lettre.
Que de choses forcément omises!
Paysages, monuments, types populaires.
Un accident tragique. — Joli mot d'un Turc.

Mon Cher Ami,

Cette lettre sera vraisemblablement la dernière que je pourrai vous écrire de Constantinople. Demain, nous dirons adieu à la Corne-d'Or, au Bosphore, à Sainte-Sophie, à la tour de Galata, et nous partirons pour Andrinople.

Quand j'entreprends de relever sur mes notes les monuments superbes, les paysages charmants que je voulais esquisser, les anecdotes que je désirais vous conter et les types extraordinaires que je me promettais de croquer à votre intention, je demeure confondu en face de ma tâche inachevée, je me désole et n'arrive à me consoler qu'en répétant avec le poète :

Qui ne sut se borner ne sut jamais écrire.

Ainsi, je vais quitter Stamboul sans vous avoir décrit la mosquée de Sainte-Sophie, cette basilique étonnante élevée par Constantin à la gloire de la Sagesse divine, et reconstruite au VIe siècle par l'empereur Justinien. Dieu sait cependant si nous l'avons vue et revue avec un intérêt toujours croissant !

Je vais partir sans vous avoir parlé des substructions du vieil hippodrome, des mosquées de Soliman et d'Eyoub (1), de celle de Bajazid, dont le parvis est couvert de pigeons, de la fontaine de Top-Hané, véritable merveille de l'art turc, de la Sublime-Porte, de la

(1) La mosquée d'Eyoub est la plus sainte des quatre cent quatre-vingt-une mosquées de Constantinople ! Elle est inaccessible aux infidèles, fussent-ils ambassadeurs. « Elle fut construite par Mohamed II en l'honneur du porte-étendard du Prophète tué pendant le siège de Constantinople par les Arabes en 668. — On y conserve l'épée du Prophète que tout nouveau sultan

Colonne brûlée, du Séraskierat (ministère de la guerre), de la longue ligne de murailles renforcées de bastions, derrière lesquels se défendirent si longtemps les empereurs byzantins.

Les derniers tremblements de terre les ont, hélas ! bien maltraitées ces vieilles murailles. En effet, ce que les hommes, aidés des siècles, n'avaient pu faire, la puissante nature l'accomplit, l'an passé, en quelques secondes. A cette heure, nombre de tours de Byzance sont lézardées ou renversées, l'antique Heptapyrgion (1), le bazar aux murs épais sont eux-mêmes fortement endommagés ou menacés de ruine !...

J'aurais voulu vous conduire par la pensée jusqu'à la mer Noire, vous faire tour à tour admirer les deux rives du Bosphore, vous montrer à Thérapia les palais des ambassades d'Angleterre, d'Italie et de France, près de là, le platane colossal de Godefroy de Bouillon, la

va ceindre lors de son avènement au trône. Cette cérémonie, qui a remplacé pour les Turcs celle du couronnement dans les pays chrétiens, est pour eux comme la consécration officielle et religieuse du pouvoir des sultans. » (*Guide Joanne*, page 191.)

(1) Nom grec du château des Sept-Tours, le Yédi-Koulé des Turcs.

vallée où campèrent, dit on, les premiers croisés, en 1096, avant de passer en Asie et de continuer leurs rudes étapes vers Jérusalem, et la séduisante station de Bouyouk-Déré, devant laquelle stationnent les yachts des ambassadeurs russe, américain et autrichien.

J'aurais désiré vous entraîner par delà Scutari, la vieille ville musulmane, au sommet du mont Bourgourlou, d'où la vue s'étend sur un panorama sans limites. De là nous avons aperçu à nos pieds tout le Bosphore, Scutari, Kadi-Keuï, Stamboul, Galata, et plus loin la mer Noire, la mer de Marmara, le golfe de Nicomédie, les plaines immenses de l'Asie.

Vous auriez admiré avec nous les cimetières dix fois séculaires d'Eyboub et de Scutari, ombragés par les cyprès aux troncs énormes, vrais obélisques de verdure.

*
* *

Chemin faisant, je vous aurais montré des *hamals* en guenilles, aux dossières bombées et garnies de cuir, « véritables chameaux à deux pattes », selon l'expression pittoresque de Théophile Gautier, pliant sous le faix d'un piano couvert de son enveloppe de grosse toile ou de quelque autre fardeau écrasant.

Vous auriez curieusement examiné, j'en suis sûr, des marchands de légumes chargés de hottes immenses, encombrées de feuillage et de fruits, des crémiers et des marchands de poisson, emportant leurs grands plateaux de bois et les hauts trépieds qui servent de supports à leur étalage pendant la halte; puis, le soir venu, des *veilleurs de nuit* « la sécurité des foyers » armés d'un énorme gourdin dont ils frappent le sol à chaque pas. Ces braves gens à tête de bandits, à la barbe hirsute, à l'aspect rébarbatif, armés jusqu'aux dents, sont chargés d'assurer l'ordre dans la rue et partant la tranquillité des paisibles dormeurs.

Au tournant des ruelles de Stamboul, non loin du « Bazar des poux » (Bit-Bazar) (1), nous aurions photographié, en passant, les écrivains publics, les savetiers en babouches, les graveurs de cachets, les débitants de mouharabis (2), les batteurs de coton maniant leur

(1) Ce « bazar des poux » est un marché de vieux habits, qui rappelle étrangement notre « marché aux puces » d'Orléans.

(2) Carrés de gelée faite de farine de riz, de lait et

grande harpe monocorde, des marchands d'eau, de café, de pilaf et de chic-kébab (1), des bouchers ambulants, des montreurs d'ours, des loueurs de chevaux de selle, des barbiers installés en plein vent, des *sarafs* ou changeurs (2) et cent autres types qu'on ne rencontre que là ; mais le temps marche vite, les

d'eau, sucrés et couverts de crème, spécialité de ce quartier de Stamboul.

(1) Le *pilaf* est le mets national turc ; il consiste en poulet découpé, mêlé à du riz assaisonné à la graisse, avec accompagnement de safran, de poivre, de tomates ou de miel.

Le *chic-kébab* est un rôti de mouton formé de petits carrés de viande grasse et maigre, alternés, enfilés sur une brochette de bois, salés, poivrés et rôtis sur un feu ardent.

Nombre de rôtisseries sont installées en plein air, à la devanture des échoppes de Stamboul et de Galata ; on y trouve aussi des « *dolmas* » ou boulettes faites de concombre, de viande hachée, de riz et de choux mélangés, roulées et cuites dans une feuille de vigne.

(2) Ces *sarafs* sont innombrables à Constantinople et ils sont presque tous juifs. Il faut avoir constamment recours à eux pour obtenir de la monnaie, car si l'acheteur est tenu de payer *exactement* ce qu'il doit, le vendeur n'est pas obligé de lui « rendre ».

Le change des grosses et des petites pièces constitue une véritable plaie pour le commerce ; à noter aussi qu'il finit par coûter à l'acheteur de 5 à 8 p. 100 et qu'il fournit l'occasion de petits vols continuels commis au préjudice des étrangers perdus dans leurs calculs, en raison de la diversité des pièces et billets.

heures s'écoulent trop rapidement au gré de mes désirs, il faut renoncer à tout cela.

* * *

Permettez-moi cependant de vous narrer un incident tragique dont nous fûmes les témoins et de vous citer le joli mot d'un Turc qui lui servit de conclusion ; je serai aussi bref que possible.

C'était le lundi 20 mai, vers 9 heures 1/2 du matin, nous allions débarquer à Scutari ; notre bateau venait d'accoster le ponton et nous descendions à la file par un escalier étroit, du gaillard d'arrière sur le pont encombré de voyageurs et de marchandises ; là-haut, la lumière était éblouissante ; en bas, sous les toiles, régnait un demi-jour, équivalent à l'obscurité pour nos yeux brûlés par le soleil. J'étais le troisième engagé dans l'escalier ; devant moi descendait une dame de notre caravane, précédée d'un de nos compagnons. Tout à coup j'entendis ma voisine pousser un cri d'épouvante et la vis s'arrêter brusquement ; elle demeura cramponnée aux deux rampes de l'escalier, penchée en avant et comme hypnotisée par un trou noir, carré, entouré de barres de fer sur ses trois côtés, ouvrant sur la soute au charbon.

— Qu'y a-t-il? m'écriai-je, devinant un malheur, Répondez, madame, je vous en prie!

— Oh! ce pauvre monsieur, répliqua-t-elle d'une voix altérée par l'émotion..... Voyez, il vient de s'engouffrer dans cette trappe et de tomber comme une masse à fond de cale!...

Dans quel état, mon Dieu! allions-nous retrouver notre excellent ami?

En une seconde, la nouvelle de sa chute effroyable remonta de bouche en bouche et les questions affluèrent aussitôt.

— De qui s'agit-il?..... Est-il mort, brisé,... où donc est-il tombé?..... Comment l'accident s'est-il produit?..... Peut-on lui porter secours?

D'un bond je me précipitai sur le bord du trou béant et cherchai à sonder sa profondeur, mais je ne distinguai d'abord tout au fond, à la lueur du foyer, que des pelles, des ringards dorés par la flamme, puis enfin, au bas d'une longue échelle de fer perpendiculaire, polie par le frottement, une masse noire faite d'êtres vivants, aux formes confuses, qui s'agitaient sur un tas de houille humide.

— Êtes-vous blessé? vous porte-t-on secours?

Il me semblait que la réponse n'arriverait jamais!..... Cependant, je vis se dresser dans ce puits deux grands diables de chauffeurs arméniens, vêtus de bourgerons et noirs comme des charbonniers, qui me firent signe de me rassurer..... notre ami était vivant!.....

Bientôt, nous le vîmes apparaître, un peu pâle sans doute, mais sain et sauf; aussitôt la joie illumina les visages, car nous étions tous là maintenant massés et silencieux... notre ami était sauvé!

Bref, la pauvre victime sortit du gouffre, constata qu'elle n'avait ni fracture, ni luxation, et nous rassura en disant qu'elle en était quitte pour une jolie peur, quelques égratignures et des contusions sans gravité (1).

(1) Un accident identique survint quelques semaines après celui-ci, sur un navire de guerre français, mais, moins heureux, le capitaine de frégate Krantz, fils

Grande fut l'émotion des gens accourus à nos cris : capitaine, matelots, contrôleurs, voyageurs et curieux venus du dehors. Chacun s'empressa autour du blessé qui se rendit à pied sur le quai et gagna la pharmacie la plus proche entouré de ses compagnons.

Et tandis que devant l'officine où se faisait le pansement, promeneurs, voyageurs, hamals s'entretenaient de l'événement tragique qui venait de s'accomplir, un Turc de distinction s'approcha de notre drogman et lui dit d'un air compatissant : « Ce monsieur est né une seconde fois aujourd'hui ! »

Avouez que cette expression charmante, empreinte de poésie orientale, valait bien la peine d'être recueillie.

de l'amiral, fut relevé grièvement blessé par ses matelot. — On reconnut que l'accident survenu à notre compagnon de voyage avait été occasionné par l'imprudence des mécaniciens du bord qui n'avaient pas accroché la tringle destinée à barrer la descente de la chaufferie.

Je m'empresse de déclarer qu'en cette circonstance commissaires, médecin, pharmacien de Scutari s'empressèrent à qui mieux mieux de venir en aide à notre *heureux compagnon.*

XIVe LETTRE

II

**Considérations générales.
La colonie française de Constantinople.
Conclusion.**

Peut-être, à la suite de ces lettres intentionnellement remplies d'esquisses à la plume faites d'après nature, attendez-vous de moi quelques considérations générales, des appréciations personnelles sur les hommes et les choses de Turquie.

Je ne suis, vous le savez, mon cher ami, ni ambassadeur, ni consul, ni diplomate; la politique étrangère ne m'est pas familière, ses dessous ne me sont point connus; aussi ne puis-je, désireux de vous satisfaire, que vous répéter sous toutes réserves ce que j'ai entendu raconter autour de moi sur les rives du Bosphore.

On dit donc, à Constantinople, que le Sultan Abd-ul-Hamid II est un homme de valeur et de progrès, accessible aux idées larges, susceptible de vues élevées, un souverain ami de la justice, avide de suivre de très près les affaires de son empire, mais on ajoute qu'il est entouré de gens cupides, égoïstes, cherchant à l'isoler le plus possible et à l'accaparer. On chuchote qu'il est inquiet, soucieux, préoccupé....., que le suicide étrange de son frère Abd-ul-Aziz et l'assassinat du président Carnot l'ont vivement impressionné. On dit qu'il reste beaucoup à faire pour mettre de l'ordre dans les finances, réprimer les abus, réparer les injustices commises envers les *raïas* grecs et arméniens, développer l'industrie, l'agriculture et le commerce en Turquie.

Ici, les fonctionnaires sont mal payés ; certains attendent, depuis plus de quarante mois, leur traitement ; les troupes viennent de toucher, en mai 1895, leur solde du mois d'octobre 1894 ! les fraudes sont considérables dans toutes les branches de l'administration, principalement dans celle des douanes. « Sa Majesté Backchich » (1) est omnipotente en ces lieux.

En revanche, l'instruction publique paraît avoir fait de notables progrès dans l'Empire au cours de ces dernières années.

L'armée se compose d'éléments excellents ; chacun rend hommage au courage des soldats turcs et les Russes sont les premiers à reconnaître le patriotisme, l'endurance, l'énergie de leurs adversaires qu'ils n'ont jamais vu reculer au cours de la dernière guerre.

Il s'en faut pourtant que le troupier de province soit traité et habillé comme celui de la capitale (2).

En dépit de la valeur de cette armée qui fait sa seule force, l'empire ottoman conser-

(1) Le *Backchich* n'est autre chose que le *pot de vin* sous toutes ses formes et à toutes les puissances, depuis la modeste *piastre* jusqu'aux liasses de billets de la banque ottomane en passant par le *medjidié*, le *napoléon* et la *livre sterling*.

(2) La belle tenue des troupes assemblées pour le sélamlick avait fait notre admiration, mais nous avons appris depuis que les soldats reçoivent pour cette circonstance solennelle des effets qu'ils versent au magasin dès leur rentrée à la caserne.

vera-t-il longtemps encore l'intégrité de son territoire? Beaucoup en doutent, même parmi les Turcs instruits et éclairés; mais personne n'ose préciser dans quel délai, par suite de quelles circonstances les provinces européennes et l'Arménie pourront être disputées à leurs maîtres actuels. Cela viendra à son heure, peut-être au moment où les puissances y penseront le moins. Vous savez bien que l'éternelle question d'Orient demeure toujours pendante (1)!

Enfin, j'entends dire que la religion musul-

(1) *Post-scriptum du 20 juillet 1895.* — Je ne saurais résister au désir d'ajouter la note suivante à cette lettre écrite et publiée depuis longtemps déjà. Le lecteur pourra juger par là du bien fondé et des assertions qu'elle contient.

Les *Novosti*, dans un article de fond du 14 juillet, après avoir exposé les aspirations contradictoires des Bulgares, des Serbes et des Grecs en ce qui concerne *la Macédoine*, font ressortir que ce conflit d'intérêts inconciliables offre un excellent terrain pour les intrigues de la Triple Alliance.

« Ce sont, dit ce journal, les Autrichiens qui s'agitent, surtout en Macédoine, et les florins des Autrichiens sont bien connus des Macédoniens; en même temps, les Italiens font de l'agitation en Albanie, agitation assez stérile du reste, *et les Allemands font à Constantinople un travail insaisissable, mais tout aussi dangereux que celui des Autrichiens.* Quant à l'Angletere, il est inutile d'en parler, elle est l'âme de

mane perd de son prestige dans les classes élevées. Un certain scepticisme, d'ailleurs habilement dissimulé et portant surtout sur la discipline commencerait à les envahir; les prescriptions du Coran n'y seraient plus aussi scrupuleusement observées qu'autrefois.

Dans le peuple, au contraire, le fanatisme reste toujours ardent et le corps des *ulémas* conserve sa puissance séculaire sur les humbles croyants.

Les Européens, fixés à Constantinople, vivent respectés et libres au point de vue des croyances religieuses, car le gouvernement turc affecte de se montrer essentiellement to-

tous les efforts dirigés contre les intérêts de la Russie et de la Serbie.

« La question macédonienne, disent en terminant les *Novosti*, *est dangereuse au plus haut point pour l'Europe entière*. On ne saurait lui comparer en importance la question arménienne. C'est dans les affaires de Macédoine que se trouve le germe des *futurs conflits* européens. »

La Macédoine forme aujourd'hui sous la dénomination de « Vilayet de Philippe » (Filibe vilajetī) l'une des plus vastes provinces européennes de la Turquie; limitée à l'ouest par l'Albanie, au sud par la Grèce, elle se confond avec la Roumélie occidentale. Elle comprend: les Villayets d'Usküb, de Salonique et de Monastir. — La ville de Salonique est considérée comme la capitale de la Macédoine.

lérant sur ce point, mais ils n'envisagent pas sans terreur les événements qui se produiraient fatalement dans cette ville, le jour où la guerre sainte serait déclarée. Si la capitale venait à être sérieusement menacée par un ennemi quelconque, les massacres y seraient horribles et les ruines qui s'y amoncelleraient deviendraient irréparables.

Un homme d'État a pu dire « que les Turcs étaient campés en Europe », et bien d'autres ont parlé après lui du départ de « l'homme malade » pour l'Asie, mais les diplomates seraient fort embarrassés, je pense, pour nommer la puissance que l'Europe verrait avec plaisir maîtresse de Stamboul et de Scutari.

Ceux qui ont osé effleurer devant moi la question d'Orient disaient que cette cité unique au monde ne pourrait devenir qu'une ville libre, à cause de la rivalité bien connue des grandes puissances européennes.

*
* *

Quant à la situation de la colonie française de Constantinople, je suis bien obligé de vous déclarer qu'elle n'est pas prospère. Le prestige de la France a rudement souffert en Turquie de notre défaite de 1870 ; les doctrines matérialistes, l'athéisme officiel de nos gouvernants lui causent aussi un préjudice considérable ; en effet, si les musulmans tolèrent tous les cultes, ils ne comprennent pas qu'un homme vive sans religion et de fait ils ont philosophiquement raison, puisque les païens eux-mêmes définissaient l'homme : « un animal politique et religieux ».

Nos nationaux en résidence à Péra, à Galata, à Kadi-Keuï, à Thérapia. ne sont guère plus de quinze cents, tandis que les colonies allemande et italienne, établies dans ces mêmes localités, comptent déjà de cinq à six mille membres et augmentent d'année en année. Les Allemands, en particulier, deviennent excessivement puissants à Constantinople, en raison de leur étroite union.

Les Français, au contraire. gaspillent leurs forces ; ils passent leur temps à se déchirer entre eux et à s'amoindrir ; l'esprit d'association, de solidarité leur manque, la jalousie des uns, la morgue et l'indifférence des autres les tuent. Ceux que j'ai consultés attendent moins des initiatives individuelles heureusement groupées, que de l'activité, de l'énergie et de l'expérience de notre ambassadeur, M. Cambon, « pour relever le prestige de la France au pays des Osmanlis » (1).

Ces constatations sont pénibles à enregistrer, j'en conviens; mais, comme disait le loyal Renaudot, « je m'honore d'être secrétaire de la vérité et non serf du mensonge ».

Je serais injuste et ingrat, cependant, si je ne rendais hommage à ceux et à celles qui font

(1) Notre ambassadeur, M. Cambon s'est montré d'une grande énergie dans diverses circonstances, notamment dans une grave affaire qui survint le 31 janvier 1895 à Ismidt, station sise à 100 kilomètres environ de Scutari, sur la ligne d'Angora.

A cette date, le P. Marie-Xavier, assomptionniste, supérieur d'une mission qui comporte un hôpital ouvert aux malades de toutes les religions et une école, fut brutalement arraché de son domicile par ordre du chef de police. Le motif de cette expulsion était une contestation relative à la construction d'un hangar de gymnastique bâti par le religieux sans autorisation *écrite* (*teskéré*), bien que l'autorisation verbale du mutissarif (préfet) lui eut été donnée.

Le P. Marie-Xavier, empoigné par les *zaptiés* « fut traîné en pantoufles, sans chapeau » à travers les rues d'Ismidt et conduit en prison. Chemin faisant les agents hurlaient autour de lui : « A la porte ces chiens de chrétiens, frappez ces giaours ! » *(sic)*.

En moins d'une heure, vingt ouvriers réquisitionnés

toujours et quand même aimer la France et bénir son nom sur ces rives lointaines.

Demandez à nos ambassadeurs, à nos consuls, à nos vice-consuls, quels sont leurs auxiliaires les plus persévérants, les plus actifs, les plus sûrs et les plus dévoués au milieu de ces populations fanatiques, astucieuses, difficiles à saisir, et ils vous répondront, j'en suis certain, que ce sont les membres des diverses congrégations religieuses.

détruisirent les constructions commencées et quand le Père sortit du Konak, l'œuvre de destruction était consommée.

Le P. Marie-Xavier et le supérieur des missions d'Orient, le P. Alfred, vinrent à Constantinople pour se plaindre à l'ambassade française des violences et injustices dont ils venaient d'être victimes.

Le navire de guerre *le Pétrel*, fut immédiatement envoyé à Ismidt, les religieux expulsés furent solennellement réinstallés dans leur domicile, en présence du cavas, du drogman de l'ambassade, du fils de M. Cambon et des officiers et matelots du navire français. Saïd-Pacha, ministre des affaires étrangères adressa une lettre d'excuses à M. Cambon, S. H. le Sultan fit payer une indemnité aux religieux, destitu le gouverneur d'Ismidt et accorda à notre représentant toutes les satisfactions par lui demandées. Le 5 février le nouveau gouverneur était à son poste, et le *Pétrel* rentrait à Constantinople. (Voir le *Bulletin des Missions des Augustins de l'Assomption*, n° 14, février 1895.)

Il faut avoir visité l'Orient, comme j'ai eu la bonne fortune de pouvoir le faire au cours de ces dernières années, c'est-à-dire avoir parcouru l'Egypte, la Palestine, la Syrie, la Turquie d'Europe et la Turquie d'Asie, pour se rendre un compte exact de l'immensité de la faute commise en ce moment par nos gouvernants, préoccupés dans un but sectaire de tarir, par tous les moyens possibles, les sources des dévoûments surhumains.

Ne croyez pas que je cède en ce moment à la préoccupation de faire le panégyrique de « frères et de sœurs » que je vénère ; en vérité, je me contente de répéter ici ce qu'avouait en pleurant le comte de Douville-Maillefeu quelques années avant sa mort.

Le Consul général auquel ce député radical fit, sur la terre d'Orient, l'éloge des religieux placés sous sa protection pourrait, au besoin, témoigner de l'authenticité de mon affirmation.

Mais voulez-vous une autre preuve écrite, celle-là, prise entre mille, du bien-fondé de mes assertions ? La voici : je n'ai qu'à transcrire les lignes suivantes, empruntées au livre récemment publié par un de nos compatriotes qui a passé huit années de son existence en Turquie (1) :

« Aujourd'hui, les seuls représentants de l'esprit français, les vrais champions de notre influence nationale en Orient sont les Lazaristes, les Augustins de l'Assomption, les Frères des Ecoles chrétiennes et les Sœurs des divers ordres qui dirigent les écoles, les asiles, les hospices, les hôpitaux. *Eux disparus, c'en serait vite fait de nous sur la terre musulmane* ; bientôt on n'y parlerait plus de la France qu'en manière de souvenir, comme on parle encore parfois des anciens Génois ou des vieux Vénitiens. Quelle joie aussi pour nos adversaires et ceux qui nous jalousent ! »

Les hommes d'état qui commettent ces fautes lourdes ignorent sans doute que, dans les sociétés théocratiques de l'Orient, le mot « religion » est synonyme de « nation ». Cette pensée, Gambetta l'avait comprise ; j'en trouve la preuve dans cette parole qu'il adressa au cardinal Lavigerie : « La laïcisation n'est pas un article d'exportation ! »

Comprendrez-vous enfin, messieurs les dé-

(1) *Au pays des Osmanlis*, par M. des Godins de Souhesmes, 1894, chez Victor Havard, éditeur.

putés, qu'en tirant sur les « *moines et les nonnes* », vous blessez grièvement la France dont vous aimez à vous dire les représentants?

Si mon opinion personnelle vous paraît suspecte, insuffisante, demandez celle de M. Jules Simon ; l'ancien ministre l'a formulée naguère dans un article publié par le *Matin* (1). C'est dans son étude sur les écoles d'Orient que je relève ce mot de M. Fournier. ancien ambassadeur à Constantinople : « Nous avions à Péra des Sœurs de charité qui étaient une de nos grandes forces » ; et plus loin, ce commentaire de M. Jules Simon lui-même : « Ces trois ou quatre filles qui font le métier de servantes valent pour nous autant qu'un régiment ! »

« On va à l'hôpital des Français, à l'école des Français, à l'église des Francais ; c'est la France sous ses trois formes les plus puissantes : la charité, la lumière, la foi ! »

Il faut cependant que je dise ces choses, sans quoi le premier Turc avisé ne manquerait pas de me riposter :

(1) Voir *Au pays des Osmanlis*, page 198, un long extrait de l'article de M. Jules Simon.

« Vous voyez bien la paille qui se trouve dans ..... la serrure de la Sublime-Porte, mais vous affectez de ne pas remarquer la poutre engagée dans les rouages de la machine gouvernementale de votre pays ! »

Conclusion.

Quand cela ne serait que pour faire la preuve de ce que j'avance et trouver matière à modifier utilement leurs idées, bon nombre de politiciens français devraient bien entreprendre après nous le voyage d'Orient.

POST-SCRIPTUM

Retour en France. — Andrinople.
Philippopoli. — Sofia. — Belgrade.
Buda-Pesth. — Vienne. — Salzbourg.
Insbruck. — Zurich.
Bâle et Paris.

Mon Cher Ami,

Vous m'en voudriez, n'est-il pas vrai ? de clore cette longue série de *Lettres de Grèce et de Turquie*, avant de vous avoir dit par quelle route et dans quelles conditions nous sommes rentrés en France ?

En vérité, j'aurais mauvaise grâce à vous refuser ces renseignements désirés après avoir si longtemps abusé de votre bienveillante attention.

Voici donc quel fut notre itinéraire, des rives du Bosphore à celles de la Seine et de la Loire.

Partis le 22 mai, au soir, de Constantinople, à sept heures quatorze, par la gare de Stamboul, nous arrivâmes le lendemain à Andrinople, vers quatre heures du matin, sans avoir été arrêtés en route par les bandes de brigands qui, de temps à autre, dans cette région, se passent la fantaisie d'attaquer les trains. Vous vous souvenez sans doute qu'une telle arrestation, si invraisemblable qu'elle puisse paraître, eut lieu, l'an dernier, dans cette région monotone qu'arrosent l'Erkène et ses affluents.

La visite d'Andrinople nous prit toute la journée du 23, mais je tiens à vous dire que je suis ravi d'avoir parcouru les ponts, les ruelles, les bazars, les mosquées et jusqu'aux ruines (1) voisines de cette antique cité qui

(1) Il s'agit ici des ruines de l'Eski-Seraï, ancienne résidence des sultans, aujourd'hui complètement abandonnée. Le parc de cet ancien palais devait être immense et d'une luxuriante végétation. Il n'est plus entretenu, mais les arbres qui subsistent sont fort beaux et vigoureux, en dépit de leur âge avancé.

fut, de 1362 à 1453, la résidence des sultans ottomans.

Andrinople est restée ville turque par excellence, aussi ne pourrait-on jamais croire qu'elle compte 80,000 habitants. Les costumes y sont encore nombreux, variés et pittoresques, les maisons sales et basses, les rues poussiéreuses, mal pavées; mais, en dépit de tout cela, la cité ne manque pas de cachet.

La visite de la mosquée du sultan Sélim récompense à elle seule le voyageur qui prend la peine de s'arrêter à Andrinople; cet édifice est un des plus beaux monuments élevés à la gloire d'Allah dans le monde musulman.

Je souhaite toutefois à ceux qui feront après nous cette excursion d'avoir une température plus douce et de trouver une route plus dure pour aller de la gare au grand pont de pierre en dos d'âne, orné d'une chapelle, bâti sur la Toundja.

Imaginez-vous que la région que nous venons de parcourir était encore sous l'eau il y a trois semaines environ !

Vers le mois de février, une inondation

terrible de la Toundja, de l'Arda et de la Maritza qui se réunissent en ce lieu, a emporté les ponts, coupé les routes et dévasté les champs, en sorte qu'il nous fallut gagner la ville, distante de trois kilomètres de la gare, par une piste improvisée, dans un nuage de sable brûlant et sous un soleil de feu.

Un dîner en plein air dans les jardins fleuris de l'hôtel Djanik, établi près de la gare, et une bonne nuit suffirent cependant pour nous remettre de nos fatigues.

Le lendemain matin, nous partîmes à quatre heures, par le même train qui nous avait amenés la veille ; une heure plus tard, nous passions à Moustafa-Pacha, sans avoir, grâces au ciel ! à subir la quarantaine de vingt heures imposée l'année dernière aux infortunés voyageurs, à cause de l'épidémie de choléra qui sévissait en Turquie.

A six heures et demie, notre train s'arrêtait à Harmandi, nous avions franchi la frontière turque et nous nous trouvions en Bulgarie. Adieu le fez ! la casquette russe le remplaçait sur la tête des employés, des douaniers et des gendarmes, vêtus de blanc, qui se promenaient de long en large sur le quai de la station.

Nous passâmes vers dix heures et demie à Philippopoli, petite capitale (1) pittoresque d'environ quarante mille habitants, en partie bâtie sur trois cônes rocheux, dits « *tépés* », qui surgissent d'une vallée fertile, arrosée par la Maritza. — Nous nous trouvions désormais en pleine péninsule des Balkans. Toute cette région accidentée fut, en 1877 et 1878, le théâtre de luttes sanglantes entre les Turcs et les Russes.

A quatre heures du soir, nous dépassions Sofia, autre capitale (2) en formation, dominée par le mont Vitock aux blanches cîmes, entourée de grandes prairies marécageuses, inhabitées, sans végétation arborescente, mais couvertes « de cigognes au long bec emmanché d'un long cou ». Nous laissions loin de nous, sur notre droite, c'est-à-dire au nord-est, la ville de Plewna, rendue célèbre dans l'histoire contemporaine par le siège que les Turcs soutinrent en 1877 contre les Russes et les Roumains (3).

(1) Capitale de la Roumélie orientale.

(2) Capitale de la Bulgarie qui a bien fait parler d'elle depuis que cette note a été écrite.

(3) Ce siège dura six mois, de juillet à décembre 1877.

A la nuit tombante, nous franchîmes vers Pirot la frontière serbe et le lendemain matin, quand le jour parut, nous arrivions à Belgrade (1).

Je ne vous parlerai guère de cette ville, bien modeste, pauvre en monuments, mais coquettement assise sur les rives du Danube.

Ce que nous y avons vu de plus remarquable, c'est incontestablement le panorama superbe qui se déroula sous nos yeux quand nous fûmes montés sur la terrasse de l'arsenal.

La Save et le Danube, débordés depuis le mois de janvier, formaient entre Belgrade et Semlin une mer intérieure qui s'étendait à perte de vue dans la direction du nord; le cours du fleuve, celui de son affluent n'étaient plus reconnaissables, leurs eaux se confondaient et les bateaux à vapeur naviguaient sans peine par dessus la frontière hongroise.

A noter encore, cependant, à Belgrade, le

— Les Turcs, commandés par Osman-Pacha, firent des prodiges de valeur, au dire même de leurs adversaires, émerveillés de leur héroïsme. — Plewna est distante de 130 kilomètres environ, à vol d'oiseau, de Sofia. — Le traité de San Stefano, qui mit fin à la guerre des Balkans, fut signé le 3 mars 1878.

(1) Capitale de la Serbie.

parc de Topchider, le jardin public et les derniers costumes nationaux, portés par les dames élégantes de la bourgeoisie. Cet habillement se compose d'une petite veste de soie noire, très ajustée, soutachée d'or, mise sur des jupes de couleurs diverses ; la coiffure qui le complète consiste en une petite toque rouge à long gland de soie engagé dans une sorte de turban noir orné de bijoux et recouvert d'une natte de cheveux.

* * *

Il faut environ huit heures pour franchir la distance qui sépare Belgrade de Buda-Pest en passant par le tunnel creusé sous la pittoresque forteresse de Peterwardein.

J'aurais trop à dire sur la métropole de la Hongrie, sur ses promenades charmantes, ses quais superbes, ses beaux édifices, ses musées ses établissements thermaux, et je préfère n'y point insister ; aussi bien n'est-ce pas en vingt lignes qu'on peut renseigner un correspondant sur une cité aussi importante que celle-là.

Après un séjour fort agréablement employé dans cette ville élégante, où nous retrouvions avec bonheur la vie européenne dans toute son intensité, nous prîmes le chemin de Vienne.

Ah ! s'il me fallait vous narrer les merveilles de la capitale de l'Autriche, vous parler de sa belle cathédrale dédiée à saint Etienne, du Graben, du Ring, du palais impérial, de son manège et de ses splendides écuries, de l'Opéra, des musées, de la résidence de Schœnbrünn, du Prater, des ponts et des quais du Danube canalisé, du Kahlenberg, etc., etc., je devrais écrire un second volume sous un titre nouveau !

*
* *

Après Vienne, ce fut le tour de la verdoyante Salzbourg, l'antique cité des princes-évêques, édifiée dans un site si merveilleux qu'Humphry Davy disait : « Qui n'a pas vu Salzbourg n'a rien vu, et si l'on n'a pas vu Naples, il faut au moins voir Salzbourg ! »

Par une route admirable, qu'on croirait tracée pour le plaisir des yeux, nous pûmes ensuite gagner sans encombre la jolie ville d'Insbruck, assise dans la large et fertile vallée de l'Inn, au pied de hautes montagnes couvertes de neiges éternelles qui la protègent de toute part.

Cette étape charmante fut la dernière de notre beau voyage. Bientôt le train de France nous reçut dans ses grands wagons à couloir confortablement aménagés et en vingt-deux heures nous fit franchir la distance qui sépare Insbruck de Paris.

Les montagnes, les vallées, les tunnels, les lacs se succédèrent sans interruption jusqu'à Zurich et à Bâle, et quand la nuit survint, nous avions passé la dernière frontière, celle de notre patrie !

***

Le jeudi 6 juin, à six heures et demie du matin, le gros de la caravane, qui la veille s'était quelque peu égrenée à Zurich et à Bâle, se dispersait sous les abris vitrés de la gare de l'Est.

Quelques heures plus tard, j'éprouvais la satisfaction de revoir les tours ajourées de notre vieille cathédrale et bientôt après celle de rentrer au foyer où j'étais impatiemment attendu.

***

Tel est, mon cher ami, le récit sincère du

voyage que nous venons de faire à travers la France, l'Italie, la Grèce, la Turquie d'Europe et celle d'Asie, la Bulgarie, la Serbie, la Hongrie, l'Autriche et la Suisse.

Je rends grâces à Dieu qui nous a protégés au cours de cette longue pérégrination, et je remercie une dernière fois mes excellents compagnons de l'amabilité dont ils n'ont cessé de faire preuve vis-à-vis de moi pendant tout le temps que j'ai passé en leur compagnie.

Je reviens enrichi de bien précieux souvenirs, mais le leur comptera sûrement au nombre des meilleurs que je rapporte d'Orient.

TABLE DES MATIÈRES

Orléans. — Imp. Paul PIGELET, rue Saint-Etienne, 8.

www.ingramcontent.com/pod-product-compliance
Ingram Content Group UK Ltd.
Pitfield, Milton Keynes, MK11 3LW, UK
UKHW021044220726
13924UKWH00005B/2014

9 782019 912970